할매당 선언

"치히로, 좋은 이름이구나.
자기 이름은 소중히 해야 한다."

-<센과 치히로의 행방불명> 중에서

할매당 선언

전국의 할매여 단결하여 일내자

권오자·서현숙·손지영·홍마리·홍영미 지음

틈새의시간

© 손지영

격려의 말

가부장제 자본주의 사회에서 여성을 위한 나라는 없다. 특히 노인 여성들의 존재감은 그 어디서도 찾아볼 수 없다. 87년 민주화 이후 거대 양당이 독점적으로 정권을 교체한 결과 노인 여성들은 늘 소수자였다. 97년 외환위기를 극복할 때 최전선에 있던 전사들은 바로 지금의 노인 여성들이었다. 배제된 이들의 주체적인 투쟁은 자신들의 해방을 위한 장대한 서사의 출발이다. 오랜만에 설렘!

_배성인(학술단체협의회 운영위원장)

할매당 출범을 자축하며

엄한 아버지와 무서운 오빠 밑에서 기죽어 살고, 결혼 후에는 시댁의 눈치와 꾸중을 일상으로 여겼으며, 남편과 자식의 뒤에서 그림자로 살다 보니 어느덧 손주들 등원과 하원을 시키는 할매가 되었다.

"계집애가 뭘 알아?"라는 놀림을 들으며 자랐고, "오 ~ 아가씨! 예쁜데…"라는 희롱을 당하기도 했으며, "아줌마! 비켜!"라는 수모를 수없이 당하면서, 이제 쓸모없는 "할매"라는 소리를 듣게 되었다고 생각하니 여자로 태어났다는 것이 한스럽기까지 하다.

우리 여성들이 일생을 통해 듣게 되는 호칭인 계집애, 아가씨, 아줌마, 할매에는 모두 비하와 깔봄과 우습게 여김이 배어 있다. '아줌마 국수집' '할매 등뼈감자탕' … 왜 국수는 아줌마가 삶아야 하고 돼지등뼈는 할매만 고아야 하는가! 막상 그런 음식점에 들어가 보면 국수집 사장은 총각이요, 감자탕 주방 어디에도 할매는 없다. 우리 사회가 여성을 그렇게 바라보고 있을 뿐이다. 우리 여성들은 어려서부터 이런 불이익과 편견과 차별을 겪으며 버텨온 여전사들임을 알아주었으면 한다.

　요즈음 국가가 무척 어렵다. 정치는 이전투구, 경제는 깜깜절벽, 사회는 혼란가중, 가정은 붕괴직전이다. 이러니 젊은이들이 애를 낳으려고 하겠는가! 출산율 세계 꼴찌! 능력만 된다면 지금이라도 애를 둘, 셋 쑥쑥 낳아주고 싶을 정도다. 여성들이 일찌감치 국가의 정치와 경제 살림을 맡았다면 이 지경은 안 되었을 것이다. 그래서? 이참에 우리 "할매당"이 출범한다! 기대하시라.

2024년 유월의 어느 멋진 날에
필자 할매 5인 대표 손지영

일러두기

⁎⁎ 글은 필자 이름을 기준으로 가나다순으로 실었습니다.

⁎⁎ 이 책에 실린 모든 글은 필자의 말투, 문체, 목소리, 감정, 의지를 그대로 전달하기 위해 최소한의 교정만 진행했습니다.

⁎⁎ '할매당 ○○지부'라는 표현은 책의 콘셉트에 맞춘 가상의 지부입니다. (하지만) 입당을 원하는 독자가 계시다면 레알 할매당 창당을 위해 책의 판권에 기재된 메일 주소로 참여 의사를 밝혀주세요:)

차 례

전생 빛 많은 인생

서울 수유지부
권오자

권오자

겉모양은 내 아버지를 쏙 빼어 닮았고 속 팔자는 내 엄마 닮은 꼴이다. 1939년 강원도 강릉시 사천에서 태어나서 강릉여중고를 졸업하고, 22살에 함경도 피난민 김성호를 만나 결혼했다. 슬하에 3남 1녀를 두었다.

결혼 후 주문진에서 9년 백수로 살다가 1970년에 서울 강북구로 이사 와서 철물건자재 장사를 차렸다. 이곳에서 2016년까지 내 일신 녹아날 정도로 일만 하며 살았다. 이 가게에서 내 몸 빠져나올 때 내 나이 일흔일곱이었다. 일손 끝내고 나서는 더 이상 일하지 않고 멋지게 살려고 했지만, 일상은 항상 복잡하다. 천성적으로 혼자 있을 때가 편하고 좋아서, 내 집 옥상 바닥에 흙통 여러 개 만들어놓고 채소 길러가며 그 풀때기 성장 과정 지켜보는 재미가 쏠쏠하다.

꿈, 희망, 사랑, 행복······ 이 모든 것은 살아 있을 때 몽땅 받아보아야 할 것들이다. 그것들 한 가지도 내게 나누어주지 않고 인생 끝자락까지 왔다. 이렇게 살면서도 함께 살고 있다. 서방 복 한 숟갈도 없다. 이게 내 팔자다. 그래, 잘 참고 살았다. 내가 너 사랑해줄게.

　내 마음은 천사다. 내 생각은 맥가이버고, 내 몸은 소머즈다. 이런 내 마음과 내 생각과 내 몸으로 시집온 후부터 내 팔자와 싸워 이제야 내가 이겼다. 그러나 긴 세월 63년 동안 내 팔자와 싸우며 궁상스럽게 살아온 내 뒷모습은 나 자신이 느낄 사이도 없이 바보 천치가 되어 있었다. 내

복 새로 지을 시간이 모자라게 되었다. 내 전생 빚 갚는 시간이 너무 오래 걸려서 유종의 미를 거두지 못하고 왕따를 당했다. 나 스스로 못 살겠다고 손들어버린 것이 아니고, 내 서방에게 몰매 맞고 쫓겨났다. 다 늙어 아무 곳에서도 써먹을 수 없는 일흔일곱 살 할망구를 망가뜨려서 분하고 억울해서 잠을 잘 수가 없었다.

잠을 잘 수가 없는 상태여서 계속 낙서를 하였다. 난 내가 왜 이렇게 초라하게 궁상 몰골이 되었는지 매일 생각한다. 그러나 정답은 안 나온다.

단지 모든 일상생활 속에서 내 천성에 독이 없어서 져주고 살다가 이 꼴 되었다는 생각뿐이다.

난 매일 생각한다. 의식 있는 내가 바보 천치로 계속 살았기 때문에 한 가정이 깨어지지 않고 자리보전했다고 생각하였고, 내 타고난 천성에 참을성이 있어서 이 집에 한자리 잡고 이 시간까지 끌고 왔다고 생각한다.

하늘이 알고 땅이 안다. 그리고 나만 아는 나의 생활이다. 한 생 동안 오로지 내 손만으로 안의 일, 밖의 일 몽땅 혼자 다 하다가 힘에 겨워 울감하며 살았다.

옆에 함께 붙어 있는 내 서방이 아무것도 협력해주지 않고 매일 내 눈앞에서 훼방만 처대어서 숨이 넘어갔다.

내가 살아온 시간 동안 어디에도 조직에 속해서 자신을 드러내본 경험 없이 내 가정 안에서 내 식구들만 상대하였고, 내 먹고사는 생업도 자영업 소매상이어서 리더의 소질이 없는 소극적 삶이었다. 한 명의 종업원도 내 몸이 먼저 움직여 보이는 대로 따라 하게 하고 살았다.

밥벌이하는 장사 공간도 살림도 내 손으로, 모든 식구 밥 대접하며 내 몸으로 가게 물건 주물러대며 한 공간에서 궁상스럽게 살았다. 머리로 입으로만 돈 버는 것이 아니다. 타고난 권세가 하나도 없어서 대장질도 못 한다. 그냥 내 몸으로 내 눈앞에 채이는 일 다 도맡아 처리해야 하는 머슴 팔자로 살았다. 긴 세월 살면서 알게 된 내 팔자다.

난 권세 없어 대장질도 못 하였고, 또 남의 밑에서 종살이도 못 한다는 걸 알게 되었다. 그래서 남이 만들어놓은 물건 돈 주고 사다가 중간 마진 조금 붙여 벌어먹는 장사꾼이 되었다. 일상생활 속에서 느낀 나를 정리해본다. 난 모든 일을 누가 시켜서 억지로 하는 것이 아니고 언제나 내 생각이 솟아나면 내 몸이 꾀를 쓰지 않고 열심히 일했다. 몸은 바지런해도 마음은 안전형이어서 모든 걸 여러 번 생각하며 호들갑도 떠는 일 없고 거만스럽게 꼴값 떠는 감정 폭발형도 아니다. 나 자신에게 늘 묻는다. 너 바보냐. 왜 이렇게 사냐. 나 속상하다 그러면 내 몸이 화를 낸다. 나 내 서방에게 짓눌려서 기가 꽉 막혀 자신을 바로 드러낼 수가 없어서 바보로 산다, 라고 내 안의 마음이 나에게 덤빈다. 그래, 그래, 알았다. 화 돋우어 미안하다. 난 나 혼자 내 주인공과 대화한다.

우리 집 철물 소매 장사 공간은 단일 품목만 있는 게 아니라서 거의 만물상이다. 내 식구 여섯 명 밥해 먹는 것도 큰일인데 늘 손님이고 밥 먹고 가는 손님도 계속 이어졌다. 공간은 좁고 물건 가짓수는 많고, 아무리 애를 써도 무질서하다. 이 수많은 물건 긴 세월 내 손으로만 주물러대는 데도 한 번도 실수는 안 했다. 살면서 여러 번 실패해서 늘 빈손이었지만 그건 내 팔자소관이다. 귀신이 훼방하는 것을 인간의 머리로는 당할 재주가 없었다. 그건 때가 다 차야 해결될 일이다.

늘 빈손이었는데도 우리 식구 밥거리는 하느님이 대어주셨다. 긴 세월, 이 엄청나게 겹겹이 쌓여 있는 물건 속에서 손님이 찾는 물건 순식간에 찾아내어 손님의 금쪽같은 시간 절약해주었고, 꼭 필요한 물건은 내 생각으로 응용해서 꿰어맞추어 쓰도록 해주면 "굿 아이디어"라고 좋아하며 고마워하였다.

수많은 일거리도 먼저 할 일 나중 할 일 제대로 분별해서 여러 명이 해도 어려운 그 많은 일 내 몸으로 다 하고 살았다. 그래서 나에게 붙여준 내 능력을 "다목적 댐"이라고 인증했다. 내가 나에게 준 인증이다. 난 튼튼한 내 몸뚱어리와 내 머릿속에서 솟아 나오는 내 지혜가 나의 밥 먹고 살게 해주는 밑천이라고 생각한다. 가게에서 자주 느꼈다. 난 천생 타고난 장사꾼이구나. 늘 손님이 자기 돈 내고 사 가면서도 내게 고맙다고 인사하고 갔다. 내 앞에 한 번만 왔다 가면 꼭 다시 와서 아주머니가 잘해주어서 자꾸 오게 된다고 하면서 자연스럽게 단골손님이 만들어졌다. 이런 나의 타고난 천성이 한 동네에서 오랫동안 자리 지켜 살게 한 힘이라고 생각한다. 1970년도부터 이곳 한 동네에서 여러 번 자리 바꿈을 하였는데도 먼 곳으로 떠나지 못한 것은 단골손님이 아까웠고, 또 다른 이유는 이 동네에서 내 인성에 흠이 없으니 왕따를 당하지 않아서 계속 한 곳에서 맴돌며 살게 되었다.

내 천성대로 딱 한 자리에서 깊게 뿌리 내리고, 주변의 모든 인연에 인심 후하게 살았으면 튼튼한 거목이 될 수 있을 것 같았는데, 늘 여러 가지 환경적 요인으로 여러 번 자리 바꾸어 헛수고하며 살았다.

이런 모든 것은 내 팔자가 밑 빠진 독에 물 채워야 하는 헛수고 팔자 때문이라고 생각한다.

내가 전생에 진 빚이 너무 많아 그 빚 갚는 시간이다, 그렇게 생각하며 계속 일만 했다.

일이 산더미다. 하루도 일 안 하면 안 되는 일 구덩이다. 내 일손 조금이라도 거들어줄 상대 하나도 없었다.

내 친정엄마는 맏딸 시집 보내고부터는 아버지 사업 뒷바라지와 밑에 남자 동생 네 명 밥시중을 들어주는 것만으로도 일이 넘친다. 딸까지 신경 쓸 여분 없는 큰 살림이었고, 내 아버지는 일 자체를 하나도 할 줄 모르는 귀공자님이어서 내 눈앞에 오시면 내 손으로 밥 대접해드려야 하는 손님이었고, 내 밑에 남자 동생 네 명은 모두 4년제 대학 나온 고급 인력이어서 막일하는 거 도와줄 시간 없이 사회생활 안전하게 잘하고 살게 되니 모두가 그림의 떡이다. 그래서 내 몸으로 죽자 살자 일만 했다.

내 어머니와 나는 둘이 다 똑같이 남편들이 몸 도사리는 사람들이어서 우리 모녀는 둘 다 똑같은 환경에서 밖의 일, 안의 일 몽땅 혼자 하고 살았다.

　혼자 생각하였다. 우리 엄마는 그래도 일가 친척분들이 많이 도와주었고 옆에 아주머니 두 분은 꼭 우리 엄마 몸과 한마음 한뜻으로 큰살림을 도와주셨다. 아버지도 당신은 머리로만 사시고 모든 일은 종업원들이 다 했으니 다 제대로 굴러간 살림이었다.

　그러나 난 모든 걸 내 몸 하나로 내 집안일, 내 장사 일, 시가에서 조상님 모시다가 우리 집으로 모셔 온 다음엔 많은 식구 일 년에 세 번, 한 자리에서 밥을 대접했다.

　그렇게 내 육신 녹여 일해서 버는 돈도 조금만 여분 생기면 귀신이 훼방을 놓아서 다 날아가게 만들고 항상 헛수고만 했다. 돈도 모이지 않고 몸도 피곤한데 매일 내 서방에게 마음 신경 다 짓눌려도 문 열어놓고 장사하는 공간이어서 그악스럽게 대항도 한번 못 하고 죽어 살았다. 내 가족 내 자식들은 현장 목격을 안 해서 내 말 이해 못한다. 가게 물건 사러 왔던 손님과 나만 아는 것. 지금 이렇게 서방 흉 폭로하면 나를 나쁜 성격이라고 생각할 것이다. 그러나 난 타고난 천성이 점잖은 성격이다. 그 대신 알랑거리는 애교가 모자란다. 그런 점잖은 천성 때문에 이 수많은 글자 써가면서도 거짓이나 과장 표현은 하지 않았다.

다 내 몸으로 내 마음으로 느낀 것, 내 눈 안에 들어 있는 것 줄이고 줄여서 썼다. 왜 썼는가.

이 억울하고 분한 마음 내 입으로 말할 시간이 모자라서다.

난 한 생 끝날까지 내 서방에게 매여 산다.

일평생 행복감 한순간도 느껴보지 못하면서도 한 공간에서 지금까지 붙어산다. 지금까지 내 서방에게 내 살림 돈 도둑맞은 숫자가 수백 번인데, 천만다행으로 내 서방 이름 붙여놓은 집문서는 흔들어대지 않았다. 그래서 지금까지 내 자리 지켜왔다.

나의 인내심이 꼭 일곱 살 망둥이 같은 서방을 이겼다. 내 서방과의 팔자 전쟁에서 이제야 승패가 났다.

내가 내 옆 서방이나 내 자식들과 싸운 것이 아니고, 내 팔자와 싸우며 살아온 세월이었다. 그냥, 나 자신의 질량대로 내 육신이 신의 기운과 싸우며 산 세월이었구나. 난 내 팔자 풀어내는 시간이 인생 끝자락까지 계속되었다. 전생 빚 갚는 시간이 최고로 긴 인생이었다. 내게 인연으로 맺어진 내 서방은 전생 빚 하나도 없이 깨끗하게 태어난 행운아다. 그래서 하늘이 나 같은 전생 빛 많은 인생을 인연으로 맺어준 것 같다.

이 사람은 처복 타고난 복덩어리고, 난 머슴 팔자 타고 나서 이 처복 많은 행운아에게 이렇게 채이게 된 것이라고 생각한다.

내가 갚아야 할 빛이 너무 많아 시간이 많이 걸리게 되니 장시간의 세월 동안 지쳐서 나가떨어지지 말라고, 한 공간에서 이 행운아에게 네 빛 다 갚으라고 신들의 머리로 짜놓은 내 팔자라고 인정하게 된다. 난 틀림없는 바보의 시간을 보냈다. 그렇게 내 인생을 바보로 살았기 때문에 내 전생 빛 다 깨끗이 갚았다.

한 공간에 붙어 있는 내 서방이 내 노력의 소득 내게 조금도 나누어주지 않고 몽땅 혼자서 다 써버린다. 정말 쥐도 새도 모르게 내 노력의 대가를 한 푼도 나누어주지 않고 다 빼앗아서 그냥 소비만 했다. 신들의 묘책이 내 눈에 다 보일 정도로 계속되었다. 명이 짧았으면 쉽게 쓰러져 죽어졌을 텐데. 명을 길게 타고 나서 긴 세월 나누어서 내 빛 다 갚아지게 했다.

이 사람 만나게 된 것은 내 친구 오빠의 권유였다.

경기도 의정부에 있는 미군 부대 카투사로 군대 생활을 할 때 휴가 와서 몇 번 만나고 헤어졌다.

정 붙일 사이도 없었다. 첫인상은 천성적으로 표현이 좀 서툴고 다정다감의 짜임새가 없는데 몸통은 부티 나고 무재주 상팔자 모양새였다. 살성도 깨끗하고 촌사람이 아니어서 그런 점은 좋게 보였다.

내 성격도 애교 무딘데, 둘 다 말재주 없어 재미가 없겠다고 생각하면서도 난 남자가 말이 많은 것 머리 굴리며 꾀쓰는 것 싫은 마음이어서 말재주 없어도 복이 많은 사람이면 좋겠다는 생각이 있었다.

부대 복귀하고 난 후부터 매일 편지가 왔다. 내용도 없는 안부 편지를 매일 보내왔다.

단순형이구나. 꾀를 안 쓰는 놈이어서 데리고 살기가 쉽겠구나, 그렇게 생각하였다. 그 후 본인은 눈앞에 없는데 친구 오빠의 수많은 말들이 내 머릿속에 채워졌다.

시간이 흐르면서 나도 생각하는 버릇이 생겼다. 그 사람의 현재 환경과 나의 환경을 비교하며 궁리하게 되었다. 내가 철이 들어가면서 느낀 것, 내 엄마의 일상이 너무 고단하고 몸뚱어리 다 녹아나게 사는 게 안쓰럽고 답답하게 보여서 '난 내 엄마처럼 안 살 거야'라고 늘 생각하였다.

내 아버지는 제재소 사업장에서 머리만 쓰고 사시지만 내 엄마의 일상은 가정일이 태산이고 집안 내 큰 행사, 명절 제사, 일가친척 손님 접대 모든 게 너무 힘겨워 보였다. 난 이런 환경에서 벗어나고 싶어졌다. 또 한 가지 더 생각한 것은 내가 만약 중매로 결혼하게 되면 우리 집 체면과 걸맞은 집안 상대와 연결될 것이라고 지레 겁을 먹은 것도 중요한 이유다. 이런 내 마음속 생각 다 정리하고 내 눈앞에 나타난 상대를 머릿속에서 궁리하게 되었다.

이 사람은 아군이 함경도까지 들어갔다가 중공군이 합세하여 6·25 때보다 더 큰 전쟁이 벌어지게 되니 대한민국으로 1월 4일(1·4 후퇴)에 피난 나온 실향민이다. 이 사람은 지금 이곳에 딱 한 가정뿐이다. 모든 게 단출하다. 사돈 관계 예 갖추는 일도 번거롭지 않고, 무엇보다 그 사람 아버지는 젊은 여자 만나서 자식 여러 명 낳고 단란하게 살고 계시니 전실 자식은 결혼시키면 당연히 따로 분가시켜 살게 할 것이다. 이런 계산이 내 머릿속에서 돌아갔다. 그러나 가장 먼저 생각하는 것은 지금 제대하고 나오면 학교에 다시 복학할 것인지 하는 문제였다. 머릿속

이 복잡해졌다. 시간이 금방 흘러 어정쩡하게 확실한 계획을 들어볼 사이도 없이 제대하고 내 앞에 나타났다.

제대하고 나서는 복학은 안 하겠다고 했고 뭐든지 할 것이라고 하면서. 모아놓은 돈도 없고 현재 아무것도 없는데 이 사람을 결혼부터 시키겠다고 서둘러대며 중매쟁이를 세웠다. 그 사람 아버지가 서둘러댄 것이다.

이렇게 돌아가는 와중에 내 친구 오빠는 완전히 뒤로 빠져버리고, 중매쟁이가 내 아버지를 설득하게 되었다. 이때 내 마음은 내가 이 사람에게 정이 들어 죽자 살자 매달리는 것도 아니고 단지 그 몸뚱어리에 딸린 식구가 없어 편하게 살 수 있겠다는 그 계산만 하고 있었는데, 일이 속성으로 진행되어버렸다.

내 아버지가 꾀가 많고 욕심이 있는 성향이었으면 현재 눈에 보이는 약점 잡고, 앞으로 내 자식 안전하게 밥 먹고 살아갈 수 있는 실체를 만들어주면 내 딸 주겠소, 라고 해야 할 텐데 아무 조건도 요구하지 않고 그냥 중매쟁이 입심에 넘어간 상태였다. 중매쟁이는 우리 집 바로 옆에 사시는 권태진 할아버지였다. 이분은 내 아버지와 비슷한 연세지만 항렬로 따져 내 아버지보다 한 대 위 항렬이어서 내게는 할아버지뻘이다.

이 권태진 할아버지가 성남동 시장 상가에서 장사하고 계시는데, 크게 성공해서 모두가 존경하는 안정된 사람이다. 이분의 가게 옆에 단천에서 피난 나온 사람이 옷가게를 하고 있었는데 여러 연줄 동원해서 이 권태진 할아버지를 중매쟁이로 내세워서 내 아버지를 설득하게 했다. 이 사람들의 계산은 정확했다. 모든 조건 잘 갖추어진 색시 놓치게 될까 봐 정말 적극적으로 서둘렀다. 어떻게 이 권태진 할아버지를 내세워서 일이 쉽게 일사천리로 마무리되게 만들었을까 의아스러웠다.

본인 김성호는 아무것도 내세울 것이 없었기 때문에 그 집 아버지가 더 적극적으로 서둘렀다. 그 사람 아버지의 경제력이 적극적인 힘이 되었다고 생각되었다. 결혼하게 되면 아버지가 아들 몫으로 장사 터전 만들어서 안전하게 살아가게 해주겠다는 것을 강조하며 내 아버지를 설득한 것 같다.

내 아버지는 중매쟁이 할아버지 말만 믿었고 나는 친구 오빠의 말 듣고 머리 굴린 죄다.

내 꾀에 내가 넘어갔다. 그 후 여러 가지 일들이 순리대로 진행되어 결혼하게 되었고, 시집으로 들어와서 보고

난 후 정리해보니 모든 게 거짓말은 아니었다.

중매쟁이 할아버지 말도 다 맞았고 내 친구 오빠의 말도 다 맞았다. 내 눈으로 보고 난 후 한순간에 판단이 섰다. 아무것도 없는 맨손으로 피눈물 날 정도로 고생하여 일으켜놓은 성공한 환경이다. 모든 게 한순간에 다 보였다. 이렇게 자리 잡힌 환경에서 자기 아버지와 함께 협력하면 안정적으로 살아갈 수 있는데, 이 좋은 환경 흔들어대는 것은 내 서방의 불성실함이었다. 시간이 돈인데 매일 무위도식하며 아버지의 피 같은 그 돈을 도둑질해서 낭비하고 산다. 일 도와주고 품값 자기 손안에 채워지는 것만 써도 그냥 저축 없이 다 써버리면 누구든 미워하는데, 아무 일도 도와주지 않으면서 가게 돈을 돈통에서 한 움큼씩 들어내가는 바람에 계모와 싸움이 끊이지 않았다. 일 자체는 할 줄도 모르고 아예 하려고도 하지 않는다. 그냥 놀고 또 놀고먹는 복덩어리다.

일하는 게 싫으면 그냥 백수로 조용하게 화목둥이로 놀기만 하면 편안하게 돌아갈 집안을 사흘이 멀다 하면서 난장판을 만든다. 천성 자체가 뒷심 없는 기질이어서 그 몸속 열꽃만 가라앉으면 멀쩡하다. 가족 전체가 서로 의

지하며 화목하게만 살면 아무 걱정 없는 환경이다. 무엇보다 내가 꾀쓰지 않고 몸 도사리지 않아서 이 집 식구들이 나를 너무 좋아해주어서 내 마음에 불만 없이 한솥밥 먹으며 부엌살림 거들어주며 내 자릿값 제대로 잘하고 살았는데, 내 팔자가 다른 복은 꽉 채워졌는데 서방에게 받을 복이 모자라고 헛수고하는 팔자라서 이렇게 살고 있구나.

일 년도 안 되어서 다 알게 되었다. 모든 게 실망스럽다. 하나에서 열까지 다 실망뿐이다. 계속 생각하였다. 손 들고 싶다. 그러나 생각뿐이다.

내 종자는 한번 먹은 마음 절대 포기할 줄 모르는, 참을 줄 아는 성향이다. 팔자 고리에 걸려든 내 인생을 내 힘으로 풀어서 이기자. 어쩌면 한 터럭도 틀리지 않고 내 엄마와 똑같냐. 신기하다. 내 엄마 살아가는 모습이 너무 힘들게 보여서 나는 머리 굴려 다른 것 욕심내지 않고, 단출하고 홀가분한 그 사람의 환경만 생각하며 눈이 멀어버렸는데, 채고 나서 내 눈에 보이는 것은 모든 것이 내 엄마와 똑같다.

난 겉모양새와 속마음이 내 아버지와 닮았다. 그런데 속 팔자는 내 엄마 팔자와 한 바가지다. 대물림이라고 생각하였다. 뭐든지 해주고도 욕먹는다.

이 집 시가 공간에서 내 눈에 보이는 상대들과 그 일의 양이 산더미다. 어쩌면 하나에서 열까지 이렇게 똑같냐.

내 엄마도 건강 체질에 머리가 잘 돌아가서 일 참 잘하시고 사셨다. 온통 권가 문중에서 일등 며느리였다. 내 엄마 그렇게 육신 다 녹여 노력 봉사하고도 옆 사람들에게서 정성스러운 대접 한 번도 받아보지 못하고 이 세상 떠나가셨다. 그 한이 내 가슴을 쓰리게 했다.

내 엄마 그 많은 일 그 한 몸으로 다 감당하셨고 또 한평생 손끝에 먼지 한 톨도 안 묻히고 고급으로 사시는 남편 뒷바라지며 사업하시는 데 필요한 돈 꿰어맞추는 일까지 다 앞장서서 해결하였고 제재소 일꾼들 새참은 꼭 손수 준비해서 흡족하게 대접하며 화해둥이로 사셨다. 그런 모든 걸 다 보고 산 내 눈이다. 얼마나 고단하셨을까. 가슴이 저려온다.

시부모님 공경, 배다른 시동생 네 명, 까다로운 손위 시누이, 그 시누이집 식구 네 명은 6·25 전쟁 때부터 우리 엄마 곁에서 대접받으며 오랫동안 한 식구로 살았다.

또 권가 집안이 한 곳에 모여 사는 집성촌이어서 대소사 몽땅 내 엄마의 머리로 손으로 몸으로 완벽하게 통솔하는 진짜 여장부의 삶이었다. 또 시아버지 한 분에 어머니 두 분 먼저 돌아가시고, 노할아버지 한 분에 할머니 두 분은 나중에 돌아가셨는데 3년 동안씩 상막 차려놓고 조석으로 상식상 차려 문안드리는 것도 나 어릴 때 내 눈으로 다 보고 살았다. 일생동안 그 육신 다 녹여가며 노력봉사하고도 내 엄마는 아무에게서도 진심 어린 대접 한 번도 못 받고 우리 곁에서 사라져버렸다. 인생은 누구도 대신할 수 없다.

이렇게 고단하게 살아가는 내 엄마의 모습이 안쓰럽고 답답해서 내 눈앞에 나타난 사람의 환경이 단출하다는 것에 내 마음이 끌려 덥석 따라가게 되었다.

이 사람 곁에 새 식구들이 만들어지긴 했지만, 마음은 외로운 사람이다. 이 사람에게 내 힘 보태서 내 가정 튼튼하게 만들 생각으로 내 몸 도사리지 않고 진심으로 돕고 살려고 마음 굳혔다. 그렇게 내 인생이 시작되었는데 내 눈앞에 있는 서방은 팔자에 처복 타고난 복덩어리여서 자기 스스로 아무것도 안 해도 저절로 굴러가는 행운 마차에 몸만 올려놓고 한 생을 무위도식하였다. 한 생 동안 정말 아무 짓도 안 하고 일곱 살 망둥이로 살았다. 그 사람의 일상을 내 눈으로 다 본 것 내 입으로 말해도 내 옆 식구들은 아무도 안 믿는다.

그냥 나만 바보 천치로 본다. 내 속은 너무 답답하다.

긴 세월 내 서방의 일거수일투족이 하나도 바뀌지 않았다. 한 생 동안 아무것도 공부하지 않는다. 난 이 망둥이 서방 마음을 뾰족한 쇠꼬챙이 정으로 60년 동안 다듬었는데도 한 구멍도 뚫지 못했다. 어떤 방법으로도 이 망둥이 서방의 나쁜 습관을 바꾸어줄 수 없었다. 한마디도 새겨듣지 않는 독불장군. 아무런 기교도 없는 그냥 무감각의 무거운 바윗돌이었다.

일생 끝날 다 될 때까지 그 사람 바로 세울 수가 없었는데 2020년 여든네 살부터 조금씩 기운이 빠져서 일곱 살 수준인 망둥이 심술이 조금 진정되어졌다.

2022년 코로나가 많이 확산되어 모두가 움츠러들었다. 노름방도 다 열기가 식어서 59년 동안의 놀음 병이 조금씩 수그러들었다. 어떻게 저렇게 살까, 했는데 코로나 펜데믹 때문에 놀음 병 중독증이 죽었다. 누구도 말려대지 못하였던 나쁜 버릇이 자연스럽게 식었다.

이후부터 노름방에 가서 버리던 현금, 먹고 싶은 것 사먹는 재미로 산다. 대단한 복덩어리 인생이다. 2024년 이

제 이빨 빠진 황소 한 마리가 내 눈앞에 누워서 세 살짜리 아기가 되었다. 억센 기운 다 빠져나가고 손끝 하나도 안 움직이고 누워만 있어서 내가 또 요양 간병인이 되었다. 63년 동안의 억울함을 다 퍼부어대며 분풀이하고 죽어야 내 막혀 있는 가슴 뻥 뚫어질 것인데, 내가 세게 공격할 새도 없이 본인 스스로 저절로 무너져버렸다.

고스톱판에서 평생 다리 오그리고 손가락만 움직여서 몸에 힘이 하나도 없다. 세 발짝도 못 걷는다. 그 몸을 내 눈으로 보고 산 시간이 60년이 넘는다.

한 생 동안 고스톱만 하고 살았는데도 금메달도 동메달도 못 땄다.

장가들어 자식이 눈앞에 네 명이 태어났는데도 그 손으로 아무것도 도와준 게 없다. 오로지 그 몸뚱어리는 화툿방에서 손가락 운동만 했다. 마약 중독보다 더했다. 또 나머지 시간은 자기 몸속 스트레스 풀어내는 방법으로 나 잡아 흔들어 죽이는 일만 했다. 난 모든 걸 참고 살았다. 이 진짜배기 사람을 알아보지 못한다. 눈이 멀었다.

법대로 성실하게 살아가는 내 말 한마디도 듣지 않고 짓누르고 자기의 가짜 법에 목숨 걸고 독재자 노릇을 했다.

내가 한 생 동안 말과 행동으로 그 마음, 그 생각 도와
주려고 애썼지만 모든 수고는 고마워하지 않고 욕으로 돌
아왔다. 그 인생 자체가 누구도 흔들어댈 수 없는 엄청 큰
바윗돌이었다. 그래서 나만 헛수고하고 내 몸과 내 마음
다 망가졌다.

내 인연과 자식이 엮여 있어서 욕을 먹으면서도 져주고
바보로 살았기 때문에 내가 지금 이 공간 안에 있다.

긴 세월 내 서방을 봐왔다. 자기 아버지에게도 불손하
였다. 딱 한 번 스위스제 21석 부로바 시계를 아버지에게
선뜻 내드려서 그걸 팔아서 아버지 장사에 도움 되게 해
드렸단다. 그러나 그걸 미끼로 평생 아버지 돈 많이 탕진
하였다. 아들이 아버지에게 불손하고 마음 아프게 하는
게 죄송스러워서 난 입 꽉 다물고 내 몸으로 노력 봉사 많
이 했다.

자기 눈앞에다 아들 세 명, 딸 한 명 반듯하게 사지육
신 찌그러진 데 하나도 없이 낳아주었는데도 아버지 노릇
하나도 하지 않고 자식들 눈앞에서 불성실한 모습만 보였
다. 일생 아무 생각도 안 하고 아무 손놀림도 안 하고 자
기 입에서 먹고 싶다는 것 사 먹는 것뿐이다.

입이 미제 입이 되어서 우리 식구들 먹는 거 하나도 못 먹는다. 매운 것은 아무것도 못 먹고 술도 안 마신다. 바윗돌 큰 얼굴은 아무 생각도 아무 일도 안 하면서도 내가 일해서 물건 판 돈, 그 사람 박하 주머니로 다 들어가서 그 사람은 항상 현금을 두둑하게 넣고 살아야 힘이 서는 독불장군이 되어버렸다. 자기 타고난 복이라고 생각하고 그 권세 빼앗으려고 전쟁도 안 했다. 틀림없는 상팔자다. 나는 이 소비성 상대 덕분에 먹는 것은 잘 얻어먹고 살았다.

조상님이 도와주시는 게 틀림없는데, 그런데 효심도 없다. 아예 머릿속에 아무 생각도 없다. 자기 입 하나뿐이다. 전생에 남은 빚이 하나도 없는 깨끗한 사람이라고 생각된다. 욕심도 없다. 주머니 속에 있는 현금이 전 재산이다.

취미도 없고 신앙도 없다. 죽을 때도 편하게 죽을 것 같다. 머리도 안 쓰고 몸도 안 쓰고 정력도 낭비하지 않아서 지금까지 건강하게 살고 있다. 2024년 지금 여든여덟 살이다. 한 생 동안 마음도 몸도 편안하게 살았다.

음력 10월 7일은 여든셋 되는 내 생일이었다. 그런데 아랑곳 않고 혼자서 강릉으로 놀러가버린 내 서방이 원망스러워 그날부터 내 마음을 풀어 쓰게 되었다. 이날부터 내 마음이 해방감을 느꼈다. 틀림없는 내 복덩어리가 내 몸으로 들어오는 걸 느꼈다. 나 어릴 때 매일 들었던 우리 복덩어리, 그 복덩어리가 시집가는 첫날 밤부터 지금까지 63년 동안 빠져나가버린 후 바보 천치로 살면서 내 전생 빚 다 갚고 나니 다시 내 몸속으로 들어와서 편안하게 자리잡았다.

이제 조금 남아 있는 시간 내 복 잘 지켜 아름다운 모습만 남기고 떠나자. 나와 약속한다.

* 헌법 제34조 5항

⑤ 신체장애자 및 질병·노령 기타의 사유로 생활능력이 없는 국민은 법률이 정하는 바에 의하여 국가의 보호를 받는다.

☞ **수정**　 신체장애자 및 70세 이상까지 해로한 노인 부부 중 배우자가 질병으로 몸져누웠을 때 국가에서 간병인 고용 비용을 전면 지원한다. 혹은 가족 면회가 자유로운 2인실 요양원 혹은 요양병원을 이용자의 선택에 따라 무상 제공한다.

* 헌법 제23조 1항

① 모든 국민의 재산권은 보장된다. 그 내용과 한계는 법률로 정한다.

☞ **수정**　 모든 국민의 재산권은 보장된다. 따라서 함께 생업에 종사한 부부의 경우 각 배우자 공히 만 60세가 넘으면 국가에서 재산관리 변호사를 파견하여 한 치의 억울함도 없이 재산을 공정하게, 반드시 그 공헌 정도(앉아서

밥만 받아먹은 주제에!!!)를 감안하여 정확하게 분배하는 절차를 돕는다. 이때 변호사의 수임료는 국가에서 전액 부담한다.

* 헌법 제34조 3항

③ 국가는 여자의 복지와 권익의 향상을 위하여 노력하여야 한다.

☞ **수정**　　국가는 여성 국민의 복지와 권익을 향상하기 위해 '필사적으로' 노력하여야 한다. 고로 자신의 모든 욕망과 꿈을 가정에 바친 전업주부의 은퇴를 법령으로 인정한다. 은퇴 시기는 만 55세, 만 60세, 만65세에 걸쳐 자유롭게 선택할 수 있다. 이에 따라 은퇴를 결심한 여성은 구청이나 동사무소에 구비되어 있는 "전업주부 은퇴 신청서"를 작성하여 내용을 빠짐없이 기록하고 날인한 뒤 제출한다. 국가는 이 문서를 수령한 날로부터 3개월 이내에 공식적으로 전업주부의 은퇴를 인정하고 이에 따른 생활비를 지급한다. 은퇴 생활비는 일종의 연금으로, 매달 남편과 자식으로부터 그들 수입의 50%를 받는다. 불이행 시 지방법원에서 민사 재판을 진행할 수 있다(변호사 수임료 정부 지원).

책상 위에는 아직도

경북 경산지부
서현숙

서현숙

1951년생. 25년째 주택에 살면서 텃밭에서 흙놀이 하기를 좋아합니다.
쌀을 제외한 대부분의 먹을거리를 스스로 지으려 애쓰고 있지만 많이 부족합니다.
틈이 날 때마다 사군자를 치거나 민화를 그립니다.

책상 위에는 아직도 이 아이의 흔적이 남아 있다. 수학 문제 풀었던 이면지, 삐뚤빼뚤 쓴 한자 이름, 한자 공부했던 테스트지, 일어 가나 오십음도……. 마시던 물병까지 남아 있다..

1월 상순, 아이를 이곳 시골에 넘겨주고 딸은 인도로 떠났다.

"요즘 게임에 빠져 있는 이 아이를 엄마가 인간 좀 만들어 줘" 하면서.

서울에 시댁이 있건만 가까이 있는 시어머니께 맡기지 못하고, 말도 못 하고, 멀리 있는 친정엄마가 마음 편한 게다.

일흔 넘은 할배 할매가 열한 살짜리 이 아이에게 뭘 해 줄 수 있을까……. 멍했다.

맛있는 거나 해먹이고 재미있게 놀면 되겠지 생각했다.

결국 할배 할매는 이 아이와 즐거운 2주일의 시간을 보냈다.

함께 시골길 산책도 하고, 함께 닭과 개에게 먹이도 주며 갓 낳은 달걀을 꺼내 날로 먹고, 함께 어항 속을 관찰하며 물고기 먹이도 주고, 함께 당근 케이크도 만들고, 함께 넷플릭스로 〈반지의 제왕〉도 보고.

아직 함께한 그 시간의 잔상이 남아 이 녀석 지금 뭘 하고 있을까 생각한다.

그때 다 읽지 못한 『반지의 제왕』 3권을 읽고 있을까.

그래 그때 그 한옥에서 이 아이가 태어났지. 어느 더운 날 "어머님, 생일 선물이 태어났어요." 사위의 전화였다. 이 아이와 난 생일이 같다. "엄마, 와줄 수 있어?" 하면 언제나 서울로 달려갔다. 자식이 힘들어하면 그 힘을 들어주고 싶은 게 이 세상 어미의 본능이지.

솔직히 친손보다 외손인 이 아이를 훨씬 자주 본다. 친손은 그 외할머니가 나의 처지가 되어 있겠다. 지금도 책

꽂이 한 켠엔 빛바랜 녹색의 아주 작은 운동화 한 짝이 놓여 있다. 이 아이가 처음 걸으면서 이 첫 운동화를 신고 외가에 올 때 한 짝을 잃어버린 것이다. 아장아장 걷던 아이의 흔적이 남아 있어서일까, 왠지 버릴 수가 없다.

그런데 그 2주 동안 이 아이에게 맛있게 해먹일 게 없었다. 조리할 필요가 별로 없었다. 이 아이는 그저 생야채, 생과일을 좋아했다. 파프리카 씻어 두면 통째로 먹고, 브로콜리 데쳐 두면 오며 가며 다 주워 먹고, 무·배추·사과·당근·오이……. 토끼 같았다. 아마 어릴 때부터 먹여서일 거다. 때맞춰 밭에 오면 어린 당근도 뽑아 주면 먹고 오이도 따주면 먹고, 오디도 딸기도 먹었다.

어릴 땐 칭찬도 중요하다. 아기가 채소 잘 먹는 게 신기하여 "잘 먹는다, 잘 먹는다" 칭찬했더니 긍정적으로 학습되어 좋아하게 된 것은 아닐까. 이제 커서 말도 제법 통했다. 싫어하는 운동도 조금씩 하게 되었다. 서너 번 뛰면 걸리던 줄넘기도 서른 번쯤 뛰게 되었다.

단 한 번 이 아이와 부딪혔다. 어느 날 저녁 게임이 하고 싶은 나머지 그 욕구를 내비친다.

"할머니, 저 엄마랑 통화하게 해주세요."

"왜?"

"딱 한 번 게임하게 엄마 허락 받으려구요."

"안 돼, 그건 할머니가 안 돼."

게임 금지령이 내려져 있는 중이다. 이 아이는 게임이 나쁘지 않다며 나를 설득하려 했다. 게임을 하다 보면 이 계통의 직업을 가질 수도 있다며. 나도 물러서지 않았다. 그 욕구가 막히자 아이 눈에 눈물이 고였다. 나도 마음이 아팠다. "이 할매도 참! 아이 하자는 대로 놔두지." 하지만 그것만은 안 되었다.

이 아이가 커서 유년을 추억할 때 난 어떤 할머니로 기억될까? 잠시 모른 척하고 하게 해줄걸, 하고 생각했지만 게임은 그 폐단이 너무 크다. 그러니 허용할 수 없었다. 내 주위에 여기저기서 들려오는 그 폐단의 사례는 너무 많다. 푸근하게 감싸주는 외가의 할머니로 기억되면 좋으련만 현실은 나를 매서운 할머니로 만들었다.

이 아이와 재미있게 보낼 시간도 이제 얼마 남아있지 않을 거다. 더 크면 학년이 올라가고, 사춘기가 오고, 자기 생활이 바빠지고, 그리고 난 늙어가고.

그렇다. 책임감 없이 사랑만 주면 되어서 할머니 육아가 더 쉽다고 했던가.

내 아이 키울 땐 어땠나. 시댁에 다 함께 살 때라 두 아이 다 시어머니께서 삼칠 일 동안 산후 조리를 해주셨다. 둘째는 아들이어서 그랬을까 시외조모님에 친정엄마까지 시댁에 함께 지내면서 도와주셨다. 하루에 미역국을 일고 여덟 번 먹은 것 같다. 미역 줄기는 다 찢어내어 따로 묶어넣고 정성스레 끓인 산모용 미역국이었다. 방이 너무 더워 다리를 벽에 갖다 대곤 했는데 그러면 "너 나중에 무릎 아프다"라는 핀잔을 들었다. 그런 탓일까 내 무릎은 40대부터 탈이 났다.

신생아, 유아기(乳兒期)를 거쳐 유아기(幼兒期)가 가장 손이 많이 가는 시기다. 돌 된 아기를 업고 부엌일 하던 나를 보고 사람들은 "지 새끼니까 무거운 줄 모르고 저리 한다"라고 했다. 그래도 젊었던 시절이라 감당할 수 있었다. 밤새 내 가슴팍을 파고들며 젖을 찾는 아이에게 젖을 물리며 철없이 젊었던 나는 언제 사지 뻗고 편히 잘 수 있을까 생각했다. 아니다. 사춘기는 더 어려웠다. 아이들이 결혼해서 가지를 치면 엄마는 더 바빠진다. 아니 지금도 내 손길이 필요한지 모르겠다.

병아리를 키워보아서 아는 사실이다. 21일 동안 어미

닭이 알을 품고 있을 땐 먹이도 물도 거의 먹지 않고 오로지 품는 일에만 전념한다. 겨우 목숨을 부지할 정도로만 얼른 먹고는 다시 제 알들을 품는다. 미동도 하지 않는다. 새끼가 알을 깨고 나오면—이때 줄탁이 이루어진다— 어미는 힘껏 날개를 펼쳐 새끼를 보듬는다. 호기심 많은 몇 녀석은 어미 깃 사이로 뾰족이 얼굴을 내민다. 이때가 정말 귀엽다.

"금방 부화해서 며칠간은 먹이 주지 않아도 돼. 엄마 비늘 먹고 자란다"라고 뒷집할머니가 말씀하셨다. 어미 머리 위로 몸통 위로 마구 다니며 콕콕 어미 깃털 속을 쪼아 댄다. 어미 닭 품속만이 그들의 세상이고 우주이다. 그리고 좀 더 크면 활동 반경이 넓어진다. 어미 닭은 꼬꼬댁거리며 새끼들을 불러 모으느라 애를 태운다. 탁구공 굴러가듯 또르르 어미 곁을 오가며 먹이 먹을 때쯤이면 어미는 먹이를 헤집어주며 새끼가 먼저 먹게 도와준다. 새끼들이 다 먹으면 그제야 어미도 먹는다.

그러던 어느 날 어미 닭이 갑자기 자기 새끼를 쫀다. 어미가 먹으려 하는데 새끼가 가까이 오면 사정없이 쫀다. 새끼가 놀라 달아난다. 날개깃이 돋아나 중병아리가 된 것이다. 이때부터는 챙겨주기는커녕 먹이의 경쟁 상대다.

독립해서 스스로 찾아 먹으라는 듯이.

그런데 인간은? 어미 닭한테 배울 일이다.

아, 토끼의 기억도 있다. 내 유년 시절 우리 집 마당 한쪽 구석에 토끼장이 있었다. 동물을 유난히 좋아했던 오빠가 토끼를 키웠다. 오빠는 결국 축산대에 들어갔고 당시 나는 오빠 심부름으로 동네 시장 근처에 있는 두부 공장에 가서 콩비지를 얻어 오거나 풀을 뜯어 오곤 했다. 풀이 귀할 때는 들판에 나가서 뿌리째 보리를 뽑아 오기도 했다. 그 보리를 토끼가 잘 먹었는지는 기억나지 않고 지금 생각하면 보리밭 주인께 몹쓸 짓을 했다. 죄송했다고 사과드리고 싶다.

어느 날 학교에 갔다 와서 토끼장에 갔더니 하얀 토끼 가슴이 발갛게 드러나 있지 않은가. 어미 토끼는 임신 중이었고 곧 태어날 새끼들의 보금자리를 만들고 있었다. 바닥에 깔아둔 짚을 입으로 물어 둥지를 만들고 행여 보드라운 새끼 피부가 찔려 다칠까 봐 둥지 안을 부드러운 털로 감싸고 있었다. 그것도 가장 고운 가슴의 털을 입으로 뜯어서. 그 포근한 곳에 자기 새끼들을 낳아 기른다. 토끼가 새끼 낳을 때 사람들이 보면 물어 죽인다고 해서 담요 같은 것으로 덮어버렸기 때문에 더는 볼 수 없어 아쉬웠다.

21일 부화 후 체구가 반으로 줄어든 어미 닭의 모습, 가슴팍 살갗이 발갛게 드러나 있던 어미 토끼의 모습, 그리고 어미 인간인 나의 모습을 그들에게 비춰본다.

사실 원고 청탁을 받으면서 여성의 '희생'이란 단어에서 약간의 걸림이 있었다. 가정을 꾸리고 육아를 하면서, 가족을 챙기면서, 희생이라고 생각해보지 못했다. 직업을 가졌다면 입장이 달랐을까? 내 직업은 전업주부다. 그것도 제대로 하지 못하는 불량 주부다. 젊은 여성들이 반기를 들겠다.

스님은 즉문즉설에서 말씀하셨다. 다람쥐도 토끼도 모든 동물이 다 지 새끼 낳아서 잘 키우지 않느냐고, 그런데 만물의 영장이라는 인간이 키우니 못 키우느니 힘들다고 난리라고.

맞다. 동물들도 지 새끼가 태어나면 배우지 않아도 돌보며 키우지 않는가. 그건 본능이다. 다른 점이 있다면 동물은 새끼가 어느 정도 크면 가차 없이 딱 잘라버리지만, 우리 인간은 그 관계가 대를 이어 내려간다는 점이다.

내 친구 A는 갑자기 얘기를 꺼냈다. 손녀를 봐줘야 해서 먼저 일어나야 한다고.

임신한 상태로 결혼한 아기 엄마는 어린 젖먹이를 두고 이혼했단다. 이혼까지는 여러 사정이 있었겠지만, 육아는 할머니의 몫이 되었다. 아들 집을 오가며 아기를 재운 후 본인 집으로 돌아왔다. 2~3년 동안 두 집을 오가며 힘들게 보살피다 결국 친구 아파트로 아들과 손녀를 데리고 들어와 합가하게 되었다. 두 집을 오가며 보살피는 것보다 훨씬 수월하다고 했다. 아기는 할머니를 엄마라 부른다. 절대 할머니라 부르지 않는다. 행여 남들 앞에서 엄마라 불리면 부끄러워 어쩌나 했지만 아이는 막무가내였다. 어쩌면 이 아이에겐 할머니보다 엄마의 존재가 절실했고 호칭으로나마 존재하고 싶었던 게다. 엄마도 다른 엄마들처럼 머리도 기르고 예쁘게 하고 다니라 한단다. 아들만 둘인 친구에게 손녀가 아니라 뒤늦게 딸이 생겨 정말 좋겠다 싶다.

친구는 매일 손녀를 데리고 잔다. 세 살 때쯤인가 아이를 재우면서 할머니가 먼저 잠든 척하고 있었는데 아이는 고사리 같은 고 작은 손가락으로 할머니 팔과 다리를 꼬옥꼬옥 주물러 주더란다. 엄마 힘드니까 내가 마사지해

줘야지 하면서. 눈시울이 뜨거워졌다고 했다. 어느 날 아이가 자기가 엄마라 부르는데 자기 아빠도 엄마로 부른다며 이상하다고 물었단다. 촌수 관계가 헷갈리게도 됐다. 친구는 아이에게 가족의 형태는 여러 종류가 있다고 설명해줬단다. 엄마랑만 사는 집, 우리처럼 할머니랑 아빠랑함께 사는 집, 아빠랑만 사는 집……. 아이가 좀 더 커서철이 들면 상세하게 구체적으로 설명해주겠단다. 엄마 못지않은 할머니의 정성으로 자라는 이 아이는 분명 행복하고 건강하게 잘 자랄 것이다. 입이 짧은 아이를 위해 지금도 친구는 매일 아침 채소와 과일을 갈고 아이 먹을 것을챙긴다. 정말 딸을 키우듯 손녀를 키우고 있다. 그래서 친구가 젊고 예쁜지 모르겠다.

또 내 친구 B는 3년 전 쌍둥이 친손을 보았다. 남녀 이란성 쌍생아다. 모두 삼 남매의 자녀를 두게 된 아들 내외는 육아를 도와줄 손길이 필요했다. 육아 도우미와 외할머니가 있었지만, 친구도 육아에 합세했다. 서울을 오가며 아기를 돌봐주던 친구는 결국 그중 한 아기를 집에 데리고 왔다. 칠십이 다 되어 젖먹이를 키운다는 건 정말 쉬운 일이 아니다. 바닥에 누운 아기를 안고 우유를 먹이는 친구를 지켜보며 "난 못하겠구나" 생각했다. 우선 나의 아픈 무릎으로는 불가능했다. 워낙 재바르고 에너지가 넘치는 친구이니 가능한 일이겠거니 싶었다. 할머니의 정성으로 손녀는 건강하게 잘 자랐다. 예쁜 아기 보러 할머니 친구들이 여기저기서 오곤 했다. 아기의 재롱을 보며 할머니 친구들은 웃고 즐거웠다. 아기가 열나고 아프면 할머니는 더 힘들었다. 걷고부터는 넘어져 다칠까 봐 더욱더 노심초사했다. 식탁 모서리나 각진 부분은 모두 쿠션을 댔다. 그렇게 일 년 정도 키우고 육아의 책임에서 벗어났다. 아이를 서울에 보내놓고는 한참 동안 너무 보고 싶어 눈물을 글썽이곤 했다. 행여 세 아이 속에서 왕따를 당하거나 차별을 받으면 어쩌나 염려했다. 지지고 볶아도 제 식구인데 걱정도 팔자라며 놀려댔다. 할머니는 키우던 딸을 입양 보낸 엄마의 마음이었다. 지금은 제 가족, 제자리에서 잘 크고 있다.

지난해 어느 무더운 여름날 카페에서 세 아이와 세 할머니가 만났다. 반려견도 어린이도 입장 가능한 곳이었다. 요즘은 노키즈 존 같은 데도 있으니 키즈 카페가 아니면 눈치 보여 아무 데나 갈 수가 없다. 친구 A는 유치

원 방학이라 아이를 어딘가 데리고 나가야 했고, 내 경우는 여름방학이라 마침 이 아이가 와 있었고, 친구 B는 우유병과 기저귀를 챙겨 손녀를 둘러업고 나왔다. 두어 시간 함께 보냈는데 특별한 경험이었다. 젖먹이는 놀다 잠이 들었고, 두 아이는 색종이 접기도 하고 그림도 그리면서 잘 놀았다. 엄마가 아닌 할머니 셋이 그들의 아이의 아이들을 데리고 함께 놀았던 것이다. 잘하면 공동 육아도 가능하겠다 싶었다.

내 아이가 초등학교 시절 토요 공동교육 비슷한 걸 했었다. 진취적인 한 엄마의 제안으로. 엄마의 전공대로 글쓰기나 독서, 그림그리기, 클래식 음악 감상, 한문 공부, 연극 등 엄마 여섯 명이 돌아가며 6주에 한 번 참여하고 아이들은 매주 토요일 모여 함께 노는 것이다.

지금 생각해보면 꽤 앞서간 공동 육아 형태다. 이처럼 할머니 공동 육아는 안 될까?

젊은 부부는 대부분 맞벌이니 할머니의 육아가 꽤 있는 듯하다. 혼자 키우는 것보다 함께 키우면 더 재미있지 않을까. 할머니도 아이도.

난 부끄럽지만 그야말로 컴맹이다. 난생처음 노트북으로 자판기를 쳐보았다. 손가락 하나로 더듬더듬 자음과 모음을 친다. 처음 사용 방법은 가르쳐주었으나 아쉬울 때 또 부르니 "혼자 해봐" 하고 남편이 구박한다. 이럴 때 내 편이 되어주면 좋으련만. 한 자 한 자 누르면 문장이 되어가는 과정이 놀랍다.

그래도 중고등학교 시절엔 소위 문학소녀였는데 오랜 세월 글쓰기를 잊고 있었다. 어떻게 읽힐지 좀 염려되지만, 글을 통해 교류하는 일도 멋지겠다 싶다. 아무튼 글 쓸 기회를 준 틈새의시간 출판사에 감사드린다.

* 헌법 제31조 2항

② 모든 국민은 그 보호하는 자녀에게 적어도 초등교육과 법률
이 정하는 교육을 받게 할 의무를 진다.

☞ **수정**　　모든 국민은 그가 보호하는 자녀에게 '반드
시' 양질의 무료 교육을 받게 할 의무를 진다. 맞벌이 부부
가 자녀 양육의 의무를 할매에게 지우는 경우, 각 지자체
에서는 할매들의 육아 공동체를 설립하고 그 운영을 적극
적으로 지원한다. 이때 지원이라 함은 육아 공동체가 사용
할 쾌적한 공간(모든 시설 완벽 구비, 방만 있으면 쓰겠냐!)
과 자격증을 갖춘 전문 육아 교사를 지자체에서 제공하는
것을 말한다. 이때 육아 공동체는 아동의 이익과 이용자의
편의를 고려하여 3부제(이른 오전반, 보통반, 늦은 저녁반)
로 운영한다. 어떤 경우이든 아동의 이익 최우선의 원칙을
지켜야 한다. 특히 어린 아이들의 발달 과정을 고려한 식
사와 개인 맞춤형 교육 프로그램을 준비한다. 양육자인 할
매나 피양육자인 아동은 어떤 경우에도 타인과 비교되어
서는 아니 된다.

* 헌법 제33조 1항

① 근로자는 근로조건의 향상을 위하여 자주적인 단결권·단체교섭권 및 단체행동권을 가진다.

> ☞ **수정**　　근로자는 근로조건의 향상을 위하여 자주적인 단결권·단체교섭권 및 단체행동권을 가진다. 이에 따라 육아를 전담하는 할매들의 근로를 법적으로 정정당당하게 인정하여 법정 근로 시간인 주52시간을 넘지 않게 한다. 만일 이를 어길 경우, 근로 기준법에 따라 고용주인 딸아들(너네가 언제 나를 제대로 대우했느냐)을 벌금형에 처함과 동시에 월 8시간의 참교육(기본 효심, 노인의 정서 이해, 노인 노동권 이해, 인간됨의 인문학)을 받도록 한다. 벌금형을 받은 가정은 향후 3개월 동안 (어머니이거나 시어머니인) 할매를 고용할 수 없다.

'할매당' 창당을
쌍수 들어 반기며

충남 계룡지부
손지영

손지영

1958년생
1980년 성균관 영문과졸업
1982년 일찌감치 결혼하여 슬하에 2남(딸 없어서 조금 억울)
1982년부터 지금까지 아들 둘, 손주 다섯, 고양이 세 마리, 남편까지 도합 열한 명의 목숨을 책임짐. 없는 시간 쪼개어 빵&쿠키, 재봉질&퀼트, 곰돌이 인형 등을 수제작하여 열한 목숨을 먹이고 입혔으며, 특별히 원하는 이웃에게는 아낌없이 나누어 줌.
2023년 계룡시 미술 단체전 출품 및 전시

'할매당?' 정말 이런 당이 만들어진다면 얼마나 재미있을까? 또 다른 세대들로부터, 나아가 할배들로부터 얼마나 많은 주목을 받을까? 그리고 이참에 할배당도 만들어진다면? 상상만 해도 웃음이 절로 나온다. 사실 할매와 할배는 같은 배를 탔음에도 불구하고 영원한 라이벌이 될 것이다. 그러나 할배당은 할매당의 발뒤꿈치도 따라오지 못할 것이다. 할매가 수적으로도 유리할뿐더러 사회적, 가정적, 나아가 생물학적으로도 우위에 있음은 자명하다. 크크! 재미있다.

　사실 나는 다른 이들보다 훨씬 이른 나이에 할매가 되었다. 캠퍼스 커플이었던 남편과 졸업과 동시에 다소 이

른 나이에 결혼했고, 이것도 유전이 되는 것인지는 모르
겠지만 우리 아들 둘도 캠퍼스 커플로 학교를 다니는 중
에 나보다 더 일찍 결혼했다. 그리고 바로 손주들이 줄줄
이 나왔다. 덕분에 나는 나이 오십도 되기 전에 이미 할머
니 소리를 듣기 시작했다.

그래서 손주를 태운 유모차를 끌고 나가면 "아이고 예
뻐라. 애기 몇 개월이에요? 늦둥이라서 더 예쁘죠?"라는
말을 종종 들었다. 그렇게 16년이 흘렀다. 나는 이제 공식
적인 노인 축에 겨우 들어 '노령연금'이라는 것을 처음 받
았는데, 내 큰 손녀는 벌써 고등학생이 되었고, 운전 면허
를 땄고, 대학 입학을 준비하고 있다.

이 정도면 '할매당'의 당대표 자격이 충분하지 않을까
싶다. 만약 만들어진다면 말이다. 사실 '할매가 된다는 것'
은 나이가 든다는 것이고, 뒷방으로 슬슬 밀려난다는 다
소 쓸쓸한 현상이라고 생각했는데, 할매당의 출현은 나에
게 나이듦에 대한 다른 시각을 갖게 해주었다. 아니, 이런
상상을 한다는 것만으로도 행복하다.

그래서 이왕 상상하는 김에 할매당 당대표 후보로서 몇
가지 공약을 발표해보려고 한다. 내가 그동안 대한민국에
서 살면서 여성이기 때문에 겪었던 불평등, 엄마로서 감

당해야 했던 어려움, 아내로서 그리고 며느리로서 당했던 불이익, 항상 그림자로 살아야 했던 섭섭함을 바탕으로 이제 할매가 되어 당당히 주장하는 것이니 가볍게만 보아 주지 말았으면 하는 바람이다.

남성들의 응큼 시선 퇴치 법을 강구하라

나는 예절과 충효를 중시하는, 하지만 남존여비 사상 또한 충실하게 따르는 유교를 숭상하는 대학을 다녔다. 그래서인지 여학생은 눈을 씻고 찾아야 가끔 뵐 정도로 남학생들만 득실거렸다. 나는 빠지지는 않았지만 그렇다고 뛰어난 미모는 아니었음에도 교내에서는 여자라는 이유만으로 눈에 띌 수밖에 없었다.

몇 발짝 교문 밖으로 나가면 지나다니는 여자들을 얼마든지 볼 수 있는데도, 참 이상도 하지, 교내 벤치에 노숙자처럼 옹기종기 모여 앉아 담배를 피우던 남학생들은 여학생만 지나가면 모두 하던 이야기를 멈추고 그 여학생이 시야에서 사라질 때까지 눈으로 좇았다.

한 번도 남성들의 집단 시선을 받아본 적이 없었던 나로서는 그런 뭇시선이 처음에는 무척 당황스럽고 부담스러웠다. 그런 학교를 4년 다니면서 그런 것에 대한 면역

이 생길 만도 한데, 웬걸, 오히려 그런 시선을 받으면 받을수록 더욱 불편해진다. 다만 달라진 것은 젊었을 때는 그런 시선들을 못 본 척 지나쳤지만, 할매가 된 이후부터는 나도 그런 시선을 레이저 시선으로 맞받아친다는 것이다. 그러면 열이면 열 황급히 시선을 돌리기 마련이다. 계속 쳐다볼 배짱도 없으면서 남자들은 왜 그러는지 모르겠다. 그것도 혼자 있을 때는 덜 하는데, 두세 사람만 모이면 예외 없이 '그런 놈'들이 되어버린다.

시골에 내려와 살면서 그런 남자들의 시선이 없을 줄 알았는데, 연령대만 높아졌지 다를 바 없었다. 오히려 고개를 빼고 백내장이 낀 눈으로 노골적으로 쳐다보면 좀비들 같아서 징그럽기까지 했다. 이런 시선에 대해 내가 투덜거리자 남편이 하는 말이, "노인들이 시력이 떨어져서 자세히 보려고 고개를 빼고 보는 거여. 가까이서 들여다보면 다 실망하고 눈을 돌려버릴 것이니 걱정하덜 말어!"

잉?

모든 여성이 아마 나와 같은 일을 일상으로 겪었을 것이고, 이러한 남성들의 시선을 제한하는 법을 만든다는 것에 크게 동감하리라 믿는다. 그래서 다음과 같이 제안한다.

아무 이유 없이 여자들을 흘끔거리는 남자들이 눈에 띄는 순간 정신이 번쩍 들 수 있도록 싸대기를 한 대씩 때릴 수 있는 권한을 모든 여성에게 부여한다.

　3초 이상 고정된 시선으로 여자들을 보는 남자에 대해서는 양쪽 눈을 두 손가락으로 찌를 수 있는 권한을 모든 여성에게 부여한다. 단, 70대 이상 노인에 대해서는 백내장으로 인한 시력 저하 때문일 수 있으니 한쪽 눈만 찌른다. 대신 집에 계신 그쪽 할매에게 통보하여 충분히 반성할 수 있는 기회를 준다.

　둘 이상의 남자들이 떼로 쳐다보는 행위는 여성들로 하여금 충분히 공포감을 불러일으킬 수 있는 폭력에 가까운 것이므로 싸대기와 두 눈 찌르기 모두 가할 수 있으며, 여기에 더해 그들의 마빡에 일주일 동안 떨어지지 않는 강력 레드카드를 붙여 모든 여성이 주의할 수 있도록 한다.

　"모든 남성이여, 우리를 뚫어지게 쳐다보지 말라!"

손주 독박 육아를 보상법을 마련하라

　'독박 육아 방지 법'으로 할 것이냐, 아니면 '독박 육아 보상 법'이라고 할 것이냐, 많이 고심했다. 그러다 방지가 아닌 보상으로 택한 것은 이 땅의 모든 할매에게 독박 육아는 피할 수 없는 운명이기에 어차피 할 것이라면 보상이라도 제대로 받아야 하지 않을까 생각해서 그렇게 결정했다. 몇 년 만에 열리는 동창회도, 머리염색과 파마도, 예약된 병원 진료도 손주들 육아에 밀린다. 모든 나의 일상은 뒷전이고 손주 육아가 최우선이다.

"어머니! 오늘 애기 좀 봐주세요. 서울에 미팅이 갑자기 잡혀서요."

어떤 일이 있어도 대답은 "그래라"이다. 아침에 못 일어날 정도로 허리가 쑤셔도, 감기 기운이 있어 몸이 늘어져도 벌떡 일어나 손주 맞을 준비를 해야 한다.

하루종일 먹이고, 재우고, 닦이고, 놀아줘야 한다. 그것만이 아니다. 나는 병원에 못 가도 손주 예방주사 맞히러 소아과는 가야 한다. 나는 하루 종일 굶어도 손주는 간식까지 꼬박꼬박 챙겨 먹여야 한다. 허리가 끊어지는 것처럼 아파도 애가 넘어지지 않도록 허리를 꾸부려 붙들고 다녀야 한다.

며느리가 애를 데리러 제시간에 오는 경우는 별로 없다. 항상 늦게 마련이다. 이상하게도 그 몇 분이 우리 할매에게는 딱 멈춘 시간처럼 더디 간다. 퇴근 시간과 겹쳐

차가 막혔다느니, 애 아빠와 함께 오려고 좀 늦었다느니, 어머니 좋아하는 단팥빵 사려는데 줄이 너무 길게 늘어서 있었다느니…… 늦는 이유는 백 가지도 넘는 법! 일찍 오는 이유는 없는 법!

"어머님! 감사합니다. 아가야, 어서 가자! 할머니 쉬셔야지."

그 쉬란 말이 내게는 "그래야 또 너를 봐주지" 하는 말로 들린다. 그러면서 휭 떠난다. 나는 며느리 얼굴보다 돌아서는 며느리 뒤통수가 더 낯익다. 그렇게 돌아가면 내일이 끝난 게 아니다. 온 집 안에 굴러다니는 장난감을 치워야 한다. 폭신한 인형이야 밟아도 괜찮지만, 나무 블록이나 플라스틱 레고를 잘못 밟으면, 그것도 발바닥 중앙의 말랑한 부분으로 밟으면 두고두고 아프다. 그거 치우느라 이 방 저 방 다니다 보면 발바닥에 애가 흘린 과자부스러기와 밥풀이 묻어 끈적거린다. 그러면 그것도 걸레로 닦아야 한다.

이렇게 다 치우고 나면 기진맥진 밥 먹을 기운도, 씻을 기운도 없어진다. 벌렁 누워 옷도 못 벗고 깜빡 잠이 들 때도 있다. 이것이 독박 육아를 하는 할매의 일상이다.

어쩌다 애가 넘어져 무릎이라도 까지면 "조심하지, 왜

그랬냐!"라며 무슨 보물 항아리라도 깨진 양 난리를 치는 아들, "미안해, 미안해" 하며 어쩔 줄 모르는 내 자신이 그렇게 미울 수 없다. 능력 이상의 힘에 부치는 일을 하면서도 항상 을의 입장에서 당당하게 행동하지 못하는 영원한 독박 육아 할매!

아들 며느리는, 또는 사위와 딸은 어버이날, 생일날 선물 하나 안겨주면 그것으로 모든 게 보상되는 줄 안다. 심지어 귀여운 손주를 맡기는 것이 그 재롱 보며 무료한 시간을 재미있게 보내라는 효도로 생각하는 덜떨어진 자식들도 있는 모양이다. 할매들은 집에서 남아도는 시간을 주체 못 하는 줄 아나 보다.

코로나 걸린 애를 격리할 때 자진해서 그 아이의 방으로 들어가 생활하는 사람은 할매다. 독박육아를 할 때만큼은 코로나 균도 할매를 피해가야만 한다. 이렇게 살신성인 독박육아를 하는 이 땅의 할매들에게 제대로 된 보상은 당연하다고 주장한다.

최저시급으로는 말도 안 된다. 최하 그 3배는 받아야 한다. 무릎, 허리 통증 치료비는 별도다. 일주일에 2일 휴일 보장하라. 하루 8시간 노동시간 준수하라.

봄, 가을 보약은 기본이다. 십전대보탕 같은 것으로 때우려 하지 마라. 최하 러시아산 녹용이라도 들어가는 보약으로 해야 한다.

효도 여행이랍시고 보내주는 패키지 해외여행은 절대 사절이다. 시차 적응도 없이 하루 대여섯 시간씩 버스 태우고 주마간산으로 다 똑같은 성당 보여주는 유럽 여행은 피곤만 하다. 빵 쪼가리 나오는 입에 안 맞는 식사로 몸만 상해서 돌아온다. 천 계단씩 오르는 중국 태산 여행도 절대 사절이다. 무릎 허리 다 나가서 돌아와 또 애 보란 소리냐! 효도 여행이 아니라 빨리 죽으라는 소리다. 그냥 현찰로 다오!

"독박육아! 피할 수 없으니 보상이라도 제대로 해라!"

손주 접견 권리를 보장하라

나에게는 손자 셋, 손녀 둘이 있다. 다섯 모두 길게는 6년, 짧게는 1년 정도 내 손을 거쳐 갔다. 그러니 나의 손주들에 대한 애정은 남다를 수밖에 없다. 젊은 시절 연년생인 아들 둘을 키울 때는 느껴보지 못한 그런 사랑이다. 그때는 내가 너무 어렸고, 아이를 키운 경험도 없었고, 함께 애를 봐줄 사람도 없었고, 경제적으로도 힘들었고, 모든 것이 서툴고 힘만 들던 시절이었다. 거기다 연년생인 아들 둘은 힘이 얼마나 세고, 잠도 없었는지 둘이 짜고 나를 괴롭히는 것만 같았다.

아들 둘을 낳고 키울 때 남편은 육군 장교로 전방 근무를 마치고 후방부대에서 교관으로 있었는데, 그래서 출퇴근을 할 수 있었건만 마치 조국 수호와 영토 방위를 혼자 다 하는 것처럼 유난을 떨며 군 생활을 했다. 어디 그뿐인가! 매일 밤 술집에서 작전회의를 하는 모양인지 집에는 가끔 옷이나 갈아입으러 들어와 자는 애들 얼굴 들여다보고 나가는 것이 다였다. 그러니 두 아들의 육아는 전적으로 나의 몫이었다. 정말 힘들었다.

반면에 손주들을 키우고 봐줄 때는 힘 다 빠진 남편이 기저귀도 개어주고, 며느리도 함께 있었고, 신혼 시절 때보다는 내 팔도 더 두꺼워져 힘도 세어져서 한결 덜 힘들게 애들을 키워줄 수 있었다. 무엇보다 아이들 크는 모습에 보람도 느끼고, 그 애들이 재롱떠는 모습을 보고 있자면 모든 근심 걱정이 날아갔다.

그런데, 그렇게 키워주면 뭐 하나. 다들 때가 되니 이런저런 이유로 내 곁을 떠났다. 무엇보다 첫 손주인 손녀가 외국으로 공부하러 가는 아빠 엄마 따라갈 때는 하늘이 무너지는 것 같은 슬픔에 며칠, 몇 달을 밥을 거르고 밤잠도 못 자며 눈물로 날밤을 새우는 날이 허다했다. 화상통화도, 전화도 매일 하고 싶었지만 혹시나 과잉 감정으로 보일까 봐 며느리 눈치 보며 애들이 연락을 줄 때까지 전화통만 바라보며 하염없이 기다렸다. 몇 주씩 전화를 거를 때는 아들 며느리가 그렇게 야속할 수 없었다.

그렇게 너무 마음 고생을 한 탓에 다음 애들을 줄줄이 봐주면서는 너무 정을 주지 말자 결심했지만, 그게 어디 맘대로 되나. 그저 애들만 보면 물어주고 빨아주고 놀아주고 먹여주고 재워주고 하면서 모든 아이와 정이 들 대로 들었다. 그렇게 마지막 막내를 보낸 지 이제 1년이 넘었다.

이제는 가끔 손주들이 오면 반갑고 가면 고마울 정도로 손주들에 대한 내 마음이 많이 무덤덤해졌지만, 그래도 언제나 마음 한구석에는 애들 보고 싶은 마음이 자리하고 있다. 솔직히 말해서 보고 싶은 마음에 혼자 많이 울기도 한다. 아이들이 보고 싶은 것인지, 아니면 그 시절이 그리운 것인지는 잘 모르겠지만 말이다. '애가 아프다' '시험 기간이다' '학원 갔다' '감기 기운이 있다'…… 이런저런 이유로 보고 싶은 손주들을 못 볼 때는 아들 며느리에게 은

근히 부화도 치민다.

나만 유별난 것이 아니라 우리나라 모든 할매들이 겪는 손주들에 대한 사랑 전쟁은 아마 대동소이할 것이리라. 그래서 할매당 당대표 후보로서 주장하건대 보고 싶은 손주들을 아들 며느리 그리고 딸 사위 눈치 안 보고 마음대로 볼 수 있는 접견권을 보장받아야 한다.

키워준 시간만큼 아이들을 볼 수 있는 권리를 부여하라. 이에 대해 눈치를 주는 며느리나 사위에 대해서는 그 시간만큼 금전적으로 보상하되 최저시급의 3배의 해당하는 금액과 이자를 함께 지불하도록 한다.

고생고생 키워준 것을 당연한 것으로 여기지 마라. 애들에게 아들 며느리, 딸 사위는 부모이지만 나는 키워준 할미다. 내게도 내가 원할 때 아이들을 맘대로 볼 수 있는 권리가 있다. 그 권리를 법으로 보장하라.

"할매들에게 손주는 자식 이상이라는 것을 명심하라!"

미용 및 성형을 지원하라

모든 할매에게도 꽃다운 젊은 시절이 있었다는 것을 사

람들은 모르는 모양이다. 오래된 앨범을 뒤적거리던 손자가 나의 대학 시절 미니스커트 입은 사진을 보며, "이 여자가 누구냐?"라고 묻는다. 할미라고 했더니 빤히 쳐다보며 "아닌데~" 하며 고개를 갸웃거린다. 그 녀석은 내가 날 때부터 쭈구렁 할매인 줄 아는 모양이다.

머리는 자꾸 빠지고 남은 머리는 하얗게 세어가고, 얼굴에 주름은 깊어지고, 볼살·턱살은 늘어지고, 가슴은 축 처져 누우면 겨드랑이 밑으로 빠지고, 배는 자꾸 나오고, 허리는 없어진 지 오래됐고, 어깨도 굽어지기 시작한다. 꾸미고 처바르고 껴입어도 늙음을 감출 수가 없다. 거울 앞에서 새치도 뽑아보고, 주름을 펴보려 비싼 화장품을 써보지만 슬슬 그 시간도, 돈도 아깝기 시작한다. 이제 포기하란 소리인가 보다. 그래 받아들이자.

자, 그러면 이게 단지 나이 때문일까? 꼭 그런 것만은 아닌 것 같다. 나보다 한참 나이가 많은 박근혜, 한혜숙을 보라. 나이 칠십 넘어 그런 외모를 가질 수 있는 것은 애를 낳고 키워보지 않아서라고 나는 생각한다. 대부분의 여자는 애를 낳으면서 체형이 바뀌는 것을 다 느꼈으리라. 애 키우는 데 최적화된 아마조네스 여전사의 몸으로 바뀌지 않던가? 남은 밥 먹어 치우고, 운동할 시간? 그런 시간 있으면 쪽잠이라도 더 자지. 그럴 시간도, 그럴 여유도 없었다.

애 다 키우고, 손주들까지 봐주고, 시집살이, 남편 병치레 다 끝나고 나서 이제야 한숨 좀 돌리고 있는데, 노령연금 신청하라고 쪽지가 날아온다. 엥? 겨우 먹고살 만한 여유도 생기고, 내 시간을 좀 가져보려고 하니 공식적인 노인 되라고 등 떠미는구나. 정말 서럽다.

그래도 자식들에게 걱정 안 끼치려고 실버비타민도 꼬박꼬박 챙겨 먹고 산에도 열심히 다닌다. 나 같은 노인의 문턱에서 발악하는 중늙은이들을 산에서 많이 만난다. 모두 괄약근이 풀어져 올라갈 때는 붕붕붕, 무릎관절이 안 좋아 내려올 때는 모두 게걸음질이다. 서로 그 사정을 알기에 민망하지도 창피하지도 않다. 이게 다 누구 때문인데! 그래서 나는 강력히 주장한다.

인구절벽의 시대를 대비하여 우리는 일찌감치 애 낳고 키우며 내 인생 다 희생했다. 그러느라 망가진 내 몸매 국가에서 책임져라. 국내 모든 헬스장의 무료 이용권과 PT를 받을 수 있도록 하라.

주름 제거 등 피부미용 화장품을 무상 제공하라. 아울

러 원하는 할매들에게는 점·기미 제거, 리프팅, 지방흡입 등 간단한 미용 시술에 대한 비용을 전액 지원하라.

머리가 빠진 만큼, 허리가 굵어진 만큼, 배가 나온 만큼, 이가 흔들리는 만큼 비례하여 연금 액수를 늘려라.

"이게 다 누구 때문인데, 할매들만 희생할 순 없다. 내 청춘을 돌려다오!"

취미 및 여가 활동을 지원하라

젊을 때는 애들 키우느라, 살림하느라, 또 밖에서 일 하느라(나는 학생들을 가르쳤다) 취미활동 같은 것은 꿈도 꾸지 못했다. 항상 시간에 쫓겨 잠도 부족했고, 밥도 제대로 차려놓고 먹지를 못했다. 삼각김밥이 처음 나왔을 때 그건 나를 위한 편의점의 배려라고 생각했을 정도였다. 이런 생활은 나이가 들어가도 별반 바뀌지 않았다. 아이들이 크면 제 일은 제가 알아서 할 것 같았지만 내 일도 그만큼씩 늘어갔다. 거기다 남편의 큰병 치레는 내 중년을 송두리째 앗아갔다.

그렇게 살려놓았더니 남편은 맨날 소파에 비스듬히 누워 소설책만 읽고 있다. 덕분에 우리 집 소파의 한쪽은 푹

꺼져 있다. 밥때는 귀신같이 알아 점심은 뭐 먹을 거냐고 물어본다. 그 주둥아리를 확 쥐어박고 싶다. 평생 삼시 세 끼를 꼬박 집에서 챙겨 먹는 남편! 누구는 남편이 항상 옆에 붙어 있어서 좋겠다고 하는데, 글쎄다.

남편은 걷는 게 취미고 유일한 여가 활동이라며 주먹밥 만들어라, 커피 내려 보온병에 담아라, 그러고는 배낭 메고 훌쩍 나갔다 해 지면 돌아온다. 우두커니 앉아 리모컨만 돌리고 있자니 내 신세 서럽다. 그래서 나도 취미를 만들어 여가 활동을 하기로 했다.

그래서 처음 시작한 것이 '인형 만들기'였다. 손주들을 생각하며 곰인형 백 개를 목표로 만들기 시작했다. 지루하면 간간이 악어 인형도 만들고 사슴 인형도 만들었다. 내 작업실의 한쪽 벽은 각종 인형으로 채워졌다. 다음으로 시작한 것은 '퀼트'였다. 책을 보면서, 요새는 유튜브를 보면서 독학으로 했다. 전등갓도 만들고 퀼트 이불도 만들었다. 수능을 앞둔 친구 아들딸들에게 짧은 시간이라도 꿀잠 자라고 한동안 이불 선물을 했었다. 그동안 내가 만든 퀼트를 액자에 넣어 거실과 방마다 걸어놓았다.

다음으로 시작한 것은 '옷' 만들기다. 처음에는 손녀들 공주 치마를 만들어 입혔다. 그러다 내 치마를 만들고, 남편 잠옷을 만들고, 집에서 입는 편한 옷들을 만들었다. 남편이 청계천시장도 아니고 실밥이 입에서 나온다고 투덜거렸지만, 나는 '너만 취미생활 하냐? 나도 한다'라고 속으로 외쳤다. 지금의 재봉틀은 세 번째 것일 정도로 열심히 취미생활 했다.

그다음 시작한 것이 '빵' 만들기와 '과자' 만들기, 그리고 각종 간식 만들기이다. 치아바타, 깜빠뉴, 식빵, 각종 과자 모두 자급자족한다. 레몬소금, 각종 잼과 젤리, 아이스크림, 뱅쇼 등 모든 간식도 만들어 먹는다. 덕분에 부엌살림이 많이 늘었다. 시간도 잘 가고 재미도 있지만 둘이서 먹는 데엔 한계가 있다.

작년부터 새로운 취미생활을 시작했다. '수채화'다! 이걸 모르고 살았다니, 수채화의 재미를 늦게 안 것이 억울하기도 했지만, 지금이라도 시작한 것이 다행이라고 생각한다. 딱 내 스타일이다. 물감을 짜서 색을 만들고 그것을 물에 풀어 도화지에 번지는 것을 보면 내가 도화지 위에 새로운 세상을 만드는 것 같은 짜릿한 기분이다.

열심히 한 덕분인지 작년에는 두 번씩이나 내 그림이 전시장에 걸렸다. 비록 시골 전시회지만 평생 남편과 아이들의 그림자로 살았던 나로서는 할매가 되어 비로소 나를 찾은 느낌이다. 요새는 그래서 더없이 행복하다.

우리 집에는 방이 셋 있는데, 하나는 함께 자는 안방이고, 나머지 두 방을 내가 다 쓰고 있다. 한 방은 인형들과 재봉틀들과 각종 옷감으로 가득한 바느질 작업실이고, 남편 서재였던 또 하나의 방은 캔버스와 물감과 그동안 그린 그림들로 가득한 내 화실이 되어버렸다. 남편은 소파만 있으면 된다고 기꺼이 서재를 내게 내주었다.

요즘 나는 대단히 행복하다. 나이 들어 할매가 된다는 것이 서글픈 것만은 아니다. 그동안 열심히 가족들을 위한 내 할 일 다 하고, 이제야 나만의 시간을 갖는 것 같아 좋다. 마치 숙제를 끝내고 만화책 보는 기분이랄까? 치열하게 살았던 이 나라의 할매라면 죄만한 이런 호사는 누려도 되지 않겠나? 그래서 나는 외친다, "할매당 만세!"

* 헌법 제34조 6항

⑥ 국가는 재해를 예방하고 그 위험으로부터 국민을 보호하기 위하여 노력하여야 한다.

☞ **수정**　국가는 재해를 예방하고 그 위험으로부터 특히 '여성' 국민을 보호하여야 한다. 이때 재해라 함은 자연재해와 인공재해를 통칭한다. 즉, 홍수, 지진과 같은 자연재해뿐만 아니라 남성의 '전신 스캔', 특정부위 CT(그럼 나도 본다)와 같은 인공재해로부터 여성이 원하는 수준으로 보호받을 권리가 있다. 예를 들어 대한민국의 모든 여성에게는 남성의 뻔뻔한 시선(작작 좀 쳐다봐)을 차단할 권리가 있다. 남성들이 "그런 의도가 아니었"다고 주장한다 해도 여성 당사자가 그렇게 느꼈다면 민사 소송을 제기할 수 있다. 이때, 여성이 불쾌감을 느낀 정도를 증거로 제출할 것을 요구하지 않는다. 한 사람이 세 번 이상 같은 혐의로 재판을 받게 될 경우 재해를 입힌 당사자에게 나라에서 제공하는 전자 팔찌를 착용하게 한다. 그리고 피해를 입은 여성에게는 향후 인공재해에 또 다시 무방비로 노출되는 것을 방지하기 위해 '음침 시선 감별 렌즈'를 무료로

제공하고, 무한 AS를 지원한다.

* 헌법 제35조 1항

① 모든 국민은 건강하고 쾌적한 환경에서 생활할 권리를 가지며, 국가와 국민은 환경보전을 위하여 노력하여야 한다.

☞ **수정**　　모든 여성 국민은 건강하고 쾌적한 환경에서 생활할 권리를 가진다. 따라서 아이를 낳아 키우며 본인의 인생을 저당잡힌(내 시간 돌리도~) 여성 국민의 건강과 미를 위하여 국가에서는 평생 AS를 지원한다. 예를 들어 몸매가 망가졌다고 생각하는 여성에게는 국내의 모든 헬스장, 골프장, 수영장, 체육관 등을 무료로 이용하고 전문 과정을 요구하는 여성에게는 무료 PT(할배들 말고... 알지?)를 받을 수 있는 '에브리 우먼 올인원 카드'를 제공한다.

소설 52년생 김미숙

경남 하동 지부
홍마리

홍마리

미국과 유럽에서 몇 년을 살다 지금은 지리산 자락에 착지한 국경 없는 노마드. 지리산 여기저기서 벌어지는 환경훼손 문제에 깊은 관심으로 참여하고 있다. 현재 하동 주민신문 〈오!하동〉 편집인 겸 기자.

미국 일리노이주 어바나 샴페인에서 로컬 신문 〈캠 퍼스 트리뷴〉에서 편집장으로 일했고, 이전 〈가톨릭신문〉 객원기자로 활동했다. 일리노이주 '슾키친'에서 홈리스를 위해 기꺼이 서빙했다. 오래전, 성모의 집에서 밥과 서빙을 했고, 원천동청소년교화시설과 공주치료감호소에서 천주교 교리를 가르쳤다.

1부

조 여사는 콧구멍만 한 좌판 옆에 쪼그리고 앉아있다. 좌판 위에는 고춧가루가 담긴 양푼이 놓여 있다. 하루아침에 거지가 돼버렸으니 대체 이게 무슨 일인가 싶다. 하지만 주위를 둘러보면 뭔가를 팔 수 있는 처지라는 것만 해도 천행인 듯했다. 이나마 주인집에서 숨겨놓은 고춧가루를 할머니가 주신 금반지와 바꿀 수 있었던 덕분이다.

어렸을 적 어깨너머로 본 묵 쑤기를 제대로 따라 할 수 있을지 모르겠지만, 새벽이면 도토리를 주워 묵이라도 한번 쑤어서 팔아볼까 하여 와우산에 오른다. 도토리 씨알 한 톨 보이지 않는다. 나무 속껍질이나 먹을 만한 풀을 채취

하느라 산에는 신새벽부터 사람들이 드문드문 보인다.

누구를 위한 전쟁인가. 전쟁이 끝나면 모두 잘 살 수 있다는 말인가? 피난 가며 본 무너진 건물은 어찌할 것이며, 길옆에 아무렇게나 버려진 시체는 전쟁이 끝나면 건사나 할 수 있을까? 다 썩어 누군지도 알 수 없게 됐는데 건사한들 무슨 소용이란 말인가?

좌판에 올려놓은 고춧가루 속에서 꼬물대는 벌레를 근심스럽게 들여다보는 꿈을 꾸며 깜빡 빠져든 잠에서 화들짝 깨어나보니 등이 축축하다.

저녁 여덟 시.

조영자 여사는 미숙의 손을 잡듯 전화기를 감싸든다. 전화선을 통해 들려오는 미숙의 목소리는 늘 그렇듯 힘이 없다. 조 여사는 전사가 갑옷을 두르듯 한껏 즐거움을 장착한다.

― 오늘도 니 말대로 두부하고 달걀을 먹었어. 조금 있다가 드라마 볼 거야. 요즘 '하늘이시여', 재밌어.

얼마 전부터는 대상포진으로 발바닥이 너무 아팠지만, 그냥 "조금 아프다"라고만 말한다. 아무리 아파도 그날의 아픔보다 더한 고통은 없을 거라 믿었지만 그렇지 않았다. 아픔은 늘 새로움의 시작이었다. 미숙을 낳던 날의 아픔은 마치 엊그제 일 같이 사그라지지 않는다. 일 분마다 찾아왔다 사라지는 통증이 현실이라 믿어지지 않았다. 입술은 바짝 말랐고 어디서 나오는지 모를 신음이 자기도 모르게 간헐적으로 흘러나왔다. 미리 말해두었던 산파 할매가 오기만을 기다리며 혼자 빈방에서 이불을 잡아 뜯는 게 다였다. 산파가 도착했을 때는 이미 양수도 터지고 아가 머리통이 반은 보인다고 했다. 이보다 더한 아픔은 없을 거라고 여겼지만 육체적 아픔은 차라리 실체라도 있었다.

— 오늘은 뭐 해 먹었어?

언제 올 거냐고 묻는 대신 전 서방은 잘 지내는지 아이들은 별일 없는지 매일 같은 말을 되풀이한다. 딸 미숙과의 통화는 연인을 만나듯 설레면서도 욱신한 통증을 동반한다. 그 통증은 늘 연기처럼 가슴에 스며든다.

조 여사는 학교 애들 모두에게 인기가 있었던 일본 교장의 연설에 넘어가 정신대에 자원할 뻔했다. 돌아보면 아찔하다. 교장의 말을 듣고 있으면 정신대에 가는 것이 학생으로서 할 수 있는 가장 훌륭한 일이라 여겨졌다. 단짝이던 옥순이가 여러 번 같이 가자고 졸랐지만 조 여사는 혼자 남을 외할머니 때문에 포기했다. 옥순이는 돌아오지 않았다. 학교에서는 우리말을 한마디도 할 수 없었다. 몰래 숨어서라도 우리말을 쓰다 들키면 바로 학도병에 입대해야 했다. 억지로 배운 일본어가 나중에 밥벌이에 도움이 될 줄 그때는 몰랐다.

조 여사가 태어난 황해도 구월산 자락에선 감자와 옥수수가 주식이었고 도토리를 주워다 묵을 쑤어먹었다. 물 조절을 잘 못 하면 묵 맛이 너무 진하고 떫어질 때도 있었지만 지금은 그 떫은맛이 혀끝에 감돌며 침이 주르르 흐른다. 곡물이 귀해 옥수수로 만든 엿은 최고의 간식이었다.

모두 고만고만하게 가난했지만 조 여사 집은 그래도 좀 사는 축에 들었다. 부모님은 얼굴도 모른 채 외할머니 손에서 홀로 자랐다. 할머니가 돌아가신 후 부모가 남긴 약간의 논 덕분에 대처에 있는 친척 집에서 학교에 다녔다. 공부에 두각을 나타냈던 조 여사는 기숙사가 있는 전문대학에 진학하면서 친척과도 멀어졌다. 고향에 남은 논에 대해서도 알 수 없었고 외할머니가 안 계신 시골엔 더는 갈 일도 없었다.

조 여사는 작은 중소기업에서 이사 자리까지 꿰차며 퇴

직했다. 일본과 무역을 전문으로 했던 회사에서 조 여사만큼 일어를 잘하는 사람은 없었다. 일본어를 전공한 젊은 직원이 점점 늘었지만, 고등시절 일본어로 교육받고 전문대에서도 일어 책을 꾸준히 읽은 조 여사의 일어 능력은 출중했다. 그동안 회사에서 쌓은 업무 경험도 무시할 수 없었다. 사장은 일어 실력이 탁월했던 조 여사를 아꼈고 여러 가지로 배려해주었다. 조 여사는 저녁 먹을 때마다 회사에서 있었던 일들을 미숙에게 얘기해주었다. 미숙에게 엄마 주위 사람들은 모두 친절하고 좋은 사람처럼 보였다. 하지만 일부 사람들의 질시로 조 여사는 늘 소화불량에 시달렸다. 가슴을 주먹으로 두드리며 약을 한 움큼씩 먹곤 했다.

조 여사는 여생을 풍족하게 살 수 있는 퇴직금도 받았다. 미숙을 나름대로 부족함 없이 키웠다. 주위에 피붙이나 친척이라곤 없는 조 여사가 직장 다니며 혼자 미숙을 키우는 일은 쉽지 않았다. 다행히 도우미를 구해 미숙을 돌봐주긴 했지만 오래 붙어있지 못했다. 사정이 급할 때는 미숙을 데리고 출근하기도 했다.

미숙이 초등학교에 다니면서부터는 뭐든 혼자 해결하도록 가르쳤다. 오전반을 마치고 집에 온 미숙은 밥도 혼자 차려서 먹고 숙제도 혼자 했다. 미숙은 영리해서 엄마를 잘 이해했고, 주말이면 엄마가 하는 일이 재미있다며 도와주곤 했다. 직장 다니며 살림하느라 힘들었던 자신과 달리 딸 미숙은 집에서 살림만 하며 편히 지내기를 바랐다.

대학생이 된 미숙을 바라보면 대견하고 만족스러웠지만 조 여사의 바람과는 달리 미숙은 청바지에 운동화 짝만 끌고 다녔다. 옷 좀 해 입으라고 양장점에 끌고 가면 도살장에 끌려가는 소처럼 굴었다.

조 여사는 어느 날 우연히 걸려 온 전화를 받다 미숙이 공장에 다닌다는 것을 알게 되었다. 하늘이 무너지는 것 같았다. 딸을 이해할 수 없었다. 아빠 없이 키운 미숙에게 늘 미안하고 안쓰러운 마음만 있었는데 처음으로 미숙이 원망스러웠고 일종의 배신감 같은 게 울컥 올라왔다. 그런 마음도 잠시, 미숙에게 학교로 돌아가라고 매일 애원했다. 전 서방을 데려온 날 마치 구세주라도 만난 듯 고마웠다.

조 여사는 유산을 미리 준다 생각하고 퇴직금으로 세 들어 사는 미숙 부부에게 아파트를 마련해주며 정말 뿌듯

했다. 미숙의 고생을 덜어줄 수 있으면 퇴직금이 아니라 뭐라도 내놓을 수 있었다. 그때부터 조 여사의 생활은 말할 수 없이 초라해졌지만 미숙에게는 아쉬운 소리 한마디도 하지 않았다.

아이를 넷이나 낳은 미숙을 생각할 때마다 그녀의 고생이 눈에 보이는 듯해 조 여사는 마음이 편치 않다. 자기 딸이지만 미숙은 이해할 수 없는 부분이 많았다. 아이만 해도 고생스럽게 왜 넷이나 낳는지 알 수 없었다.

큰맘 먹고 미숙이 집에서 일주일을 지내다 온 적이 있다. 미숙과 함께 처음으로 비행기를 타봤다. 김포공항까지 가서 김해공항에서 내려 또 버스를 타고 가야 했다. 처음 타는 비행기는 설레기도 했지만 뜰 때 소리도 요란하고 불안했다. 혹시 떨어지면 어쩌나 하는 불편한 공상이 마음을 짓눌렀다. 타자마자 곧 내리기는 했는데 비행기가 하강할 때는 더 무서웠다. 혹시 땅에 곤두박질쳐버리면 어쩌나 하는 공포가 온몸을 휘감았다. 마치 발이 공중에 둥둥 떠 있는 듯한 느낌으로 공항에서 거제도까지 또 버스를 타야 했다. 혼자서는 올 수 없는 딸네 집이었다. 딸네 집도 혼자 갈 수 없는 처지가 바보 같다는 생각만 들었다.

집안일을 돌볼 시간이 없는 사위는 조 여사가 보기에는 있으나 마나 한 존재였다. 전 서방은 장모님, 장모님 하며 말은 살갑게 했지만, 함께 외식이라도 할 여유는 없는 듯 매일 늦게 귀가했고 출장도 잦았다. 혼자 이리저리 애쓰는 딸에게 칭얼대는 손주를 야단치듯 타이르다 보니 손주들이 할머니와 거리를 두는 것 같았다. 조 여사 입장에서도 딸을 힘들게 하는 손주들이 마냥 이쁘지만은 않았다.

거제도를 다녀온 후론 다시 갈 생각은 접었다. 미숙도 쉽게 자기를 보러 오기 힘들 거라는 생각을 한다. 게다가 이제 미숙이 시부모와 함께 살게 됐으니 답답하기만 하다. 그러면서도 언제든 미숙이 곧 올 것 같아 기다렸고 수건과 내의 같은 것이 생기면 미숙에게 주려고 차곡차곡 모았다.

육이오 때 월남한 남편 김 차진은 미숙을 임신하자 월북하였다. 짧은 만남이었지만 고향이 같은 황해도라 금세 가까워졌다. 따뜻했다. 늘 혼자였던 조 여사에게 친절하고 다정한 차진은 세상 전부였다.

— 걱정하지 마, 곧 돌아올게.

— 아기 낳을 때는 꼭 옆에 있을게.

새벽에 집을 나서며 한 말이 마지막이었다.

조 여사는 곧 통일이 될 것이라 굳게 믿으며 산다. 하지만 이제 발바닥부터 바늘로 찌르듯 위로 올라오는 고통을 참으며 죽음이 바로 곁에 와 있음을 느낀다. 지금 당장이라도 남편 김차진이 문을 열고 들어올 것만 같고, "엄마!" 하며 미숙이 들어올 것만 같다.

그녀가 죽을 때 남긴 유일한 유산은 평생 손가락에 끼고 있던 백금 쌍가락지뿐이었다.

2부

— 니 목소리를 들으면 기분이 좋아.

— 나도.

미숙은 이렇게 말하면서도 미안함에 짜증이 올라왔다.

전화를 끊을 때마다 다음엔 좀 더 살갑게 받아야지 다짐하면서도 엄마에게는 왜 늘 그렇게 퉁명하게 대하는지 자신이 원망스럽다.

미숙에게 결혼은 해방이었다. 해바라기처럼 자기만 바라보고 사는 엄마로부터의 해방. 그것이 엄마가 사랑하는 방식인 줄 알면서도 엄마에게 받는 모든 것이 부담스러웠다. 엄마의 존재가 부담스러웠다는 것이 진심일 것이다.

결혼하면 엄마로부터 해방될 거로 생각했다.

아파도 아프다고 말한 적이 없는 엄마다. 그런데 얼마 전부터 발바닥이 너무 아프다고 했다. 미숙은 엄마가 그렇게 말할 때는 그 정도가 상당히 심각하다는 것을 알고 있다. 엄마를 생각하면 명치 끝이 저린다. 그러나 입이 무거운 미숙은 선뜻 올라가겠다고 말하지도 못한다.

마음속으로는 조만간 꼭 올라가리라 마음먹지만 부른 배와 시부모님 식사 생각에 시간 내는 게 쉽지 않다. 엄마에게 진통제 양을 늘려보라고 말하며 전화를 끊고는 넋이 나간 듯 전화기를 잡고 있다.

미숙이 넷째 수찬을 낳을 때 사람들은 그녀를 원시인이라 놀렸다. 둘째까지 학비와 보험료를 내주던 남편 회사에서는 셋째부터는 어떤 혜택도 주지 않았다. "잘 키운 딸하나 열 아들 안 부럽다" "아들딸 구별 말고 하나만 낳아 잘 기르자"라는 구호가 길거리와 방송에 넘쳐나던 시절이었다.

넷째를 임신했다는 말을 들은 엄마는 마치 말을 잘 못 들었다는 듯 여러 번 "뭐라고?" "뭐라고?"를 반복하다가 끝내 "알겠다"라고 한마디하고는 전화를 끊었다.

남편과 의견이 맞진 않았지만, 미숙은 아이를 낳아 키

우는 일을 인간이 신이 되는 경지가 아닐까 생각했다. 사람이 할 수 있는 가장 신성한 일이라 여겼다.

아이를 넷이나 낳았지만 남편과 같이 키웠다는 생각이 들지는 않는다. 남편은 늘 바쁘고 뭔가 대단한 프로젝트를 하는 것처럼 행동했기에 미숙은 그를 건드리면 깨지는 얇은 유리알같이 조심스레 대했다.

중고등시절 미숙의 집은 대학 근처였다. 덕분에 학교가 끝나면 대학로 좌우에 줄지어 늘어선 양장점과 액세서리 가게를 구경 삼아 돌아다녔고, 대학 교정을 놀이터처럼 드나들었다. 대학교 앞 분식점에 몰래 들어가 선생 단속을 피해 먹던 새콤한 김치가 씹히는 매운 비빔국수는 유일한 일탈의 맛이었다. 여학생 시절 이미 실컷 구경한 멋스런 옷과 액세서리에 질렸는지 미숙은 코앞의 대학을 두고 집에서 가장 먼 거리에 있는 대학에 입학했다. 그녀가 좋아했던 건 뾰족구두가 아니라 운동화, 쇼윈도에 걸려있던 원피스가 아니라 청바지였다.

미숙이 대학에 들어가고 한 학기가 지났을 때부터 휴강이 몇 주씩 계속됐다. 학교 정문에는 태어나 처음 보는 탱크가 떠억 버티고 있었고, 총을 든 군인이 보초를 서고 있었다. 군인은 같은 또래 동기들일 텐데 마치 그 정체를 전혀 알 수 없는 외계인처럼 무섭게 보였다. 휴교인 줄은 알았지만 모두 멀리서 교정만 바라보다 학교 앞 침침한 다방에 모여 수군거리는 날이 늘어났다. 안개 낀 자욱한 길을 걷는 것 같은 두렵고 심란한 나날이었다.

10월 유신이 발표되자 유일하게 서로의 집을 오갈 정도로 친했던 정희는 집을 나와 학교 앞에서 하숙했다. 정희의 방은 곧 여학생이 모이는 아지트로 변했다. 담배 연기가 자욱한 방에서 함께 토론하고 공부했다. 가장 씩씩했던 현숙 언니가 먼저 공단에 취업했다. 언니는 공장이 체질이라며 밤이면 여공들과 공부하고 노조를 결성할 대책도 논의했다. 뭔가 삶이 꽉 찬 느낌이라 했다. 언니를 따라 몇몇이 공장에 취업했다.

미숙은 이진과 연애 중이었다. 복학생이었고 일 년 후 졸업 예정이었던 이진은 데모보다 취업을 위한 공부에 열심이었다. 정희의 하숙방 이야기를 들으며 이진도 노동과 인권에 관심을 보였지만 그뿐이었고 그는 졸업 후 곧장 대기업에 입사했다. 미숙은 이진의 만류에도 불구하고 학교를 그만두고 정희와 재봉공장에 취업했다. 거부할 수 없는 길이라 여겨졌다. 대학생으로 사는 건 사치였다. 현장에서 함께 일하고 그들과 함께 인간이 기계같이 사는 것이 아니라 인간으로 사고하고 살아야 할 권리를 쟁취해야 한다는 데 더 마음이 끌렸다. 힘들었지만 동료들과 함께 일하고 공부하고 공통된 의견을 나누는 일에 보람을 느꼈다. 몸과 마음이 지쳐갈 즈음 이진은 결혼을 재촉했다.

결혼하면 눈치가 보여 공장 다니기 힘들었다. 애라도 봐줄 친정엄마가 있으면 모를까 한시도 쉴 새 없이 돌아가는 공장 시스템은 평범한 여성의 삶을 허락하지 않았다. 애 낳고 일주일 만에 공장에 복귀해 얼굴이 퉁퉁 부은 채로 일했던 양희 언니의 술통 같았던 몸은 일 년이 지나도 제자리로 돌아오지 않았다. 미자 언니는 젖몸살로 휴가를 냈지만 달랑 하루 쉬고는 복귀해야 했다. 사람이 재봉틀인지 재봉틀이 사람을 돌리는지 재봉틀 돌아가는 소리가 집에서도 길에서도 꿈에서도 들렸다. 현숙 언니는 어느 날 위장 취업이라고 붙잡혀 갔다. 이건 아니라고 부르짖었지만, 바뀌는 것은 없었다. 결혼과 함께 미숙의 공장 생활도 종지부를 찍었다.

삼백육십오 일 감기를 달고 다니고 이름 있는 병이란 병은 골고루 앓아본 미숙은 첫애를 출산하고부터 달라지기 시작했다. 책임감이 강했던 그녀는 남편 이진의 도움은 애초에 바라지도 않았다. 어디서 나오는지 알 수 없는 모성애로 감기나 몸살 따위는 일찍이 개나 줘버린 듯했다. 이진은 조선소 일로 외국 출장이 잦아 며칠씩 들어오지 않는 날이 많았다. 그는 엄청난 프로젝트를 맡고 있다고 했다. 열이 펄펄 나 손 하나 꼼짝할 수 없는 지경이어도 남편이 퇴근할 즈음이면 언제 그랬냐는 듯 일어나 밥을 차렸다. 그것이 사랑인지 사랑이란 이름의 오기인지 자신도 몰랐다. 늘 피곤하고 뼈마디가 쑤시며 아팠지만, 미숙은 이마저도 새벽이 밝아오듯 당연하게 받아들였다. 공장의 재봉틀 대신 미숙의 삶을 갈아 넣은 집안일은 하루가 빠듯하게 돌아갔다.

이진은 늙은 부모에게 효도하겠다며 고향 근처 공장 연구소로 자원했다. 아내 미숙의 친정이 점점 더 멀어지는 건 조금도 염두에 두지 않은 듯했다. 그러더니 부모님이 연로하시고 다른 형제보다 막내인 자기를 더 좋아하시니 집으로 모시는 게 좋겠다고 했다. 미숙은 항상 친정엄마를 모셔 와야지 생각만 하면서 왠지 이진에게는 말을 못 꺼냈다. 그저 혼자인 엄마의 처지를 이진이 먼저 알아주기만을 바랐다. 친정엄마 얘기를 자주 하진 않았지만, 이진이 친정엄마를 모셔 오라고 말해주기만 기다렸다. 엄마

덕에 새로 마련한 아파트에 엄마를 모시면 정말 원이 없겠다고 생각하던 참이었다. 그런데 덜컥 시부모님을 모셔오겠다고 하니 남편이 야속하기만 했다. 그러면서도 그렇게 해야겠다고 마음을 굳혀가는 자신이 원망스러웠다.

엄마가 시부모님 잘 모시라고 자주 했던 말이 아마도 뼛속에 각인되었는지 모르겠다고 스스로도 이해할 수 없는 자신을 위로하며 이 모든 것을 엄마 탓으로 돌렸다.

미숙은 넷째를 낳고 바로 시부모님을 집으로 모셔왔다.

고향을 떠나고 밥하는 일마저 없어져 심심한 시어머니는 동서도 부르고 사돈의 팔촌도 불러 며칠씩 묵어가게 했다. 막내아들의 효도를 자랑하고 싶은 마음도 있었을 터다. 그러나 아파트의 하루는 노인에게 너무 길었다. 전화통을 붙들고 사시더니 어느 날부터 평소엔 시댁에 발도 들여놓지 않던 시누이와 시동생, 시아주버니가 부모님 보겠다며 쉴 새 없이 미숙의 집을 드나들었다.

밥 한 끼 먹고 바로 가는 일은 없었다. 시부모님은 자고 가라고 아니면 저녁까지 먹고 가라고 기어이 잡아 앉혔다. 그들의 뒤치다꺼리는 물론 모두 미숙의 몫이었다. 결혼은 시부모의 손과 발이 되는 일인가 싶은 나날이었다.

시어머니는 새벽 4시면 일어나 달그락거리며 마룻바닥

을 문지르며 청소를 시작했다. 낮에는 눈코 뜰 새 없이 바빠 늘 잠이 부족했지만, 미숙에게는 모른 척 두 발 뻗고 누워 있는 일이 더 불편했다. 입이 까다로운 시아버지는 한 번 상에 올라왔던 반찬은 쳐다보지도 않았다. 매일 장에 가야 했고 매일 새 반찬을 만들고 하루 세끼 상을 차렸다.

막내 수찬을 낳고 얼마 안 돼 조선소에는 찬바람이 불어닥쳤다. 매달 어김없이 들어오던 월급마저 며칠씩 늦어졌다. 퇴근 후 흥청거리던 술집과 음식점들이 썰렁해졌고, 시장통엔 고양이만 들락거렸다. 조선소가 언제 다시 일어설지 앞길이 캄캄하다는 풍문만 무성했다.

이진은 마침내 미숙에게 명퇴를 알렸다. 잘리기 전에 지금 명퇴라도 하는 게 낫다는 거였다. 미숙이 할 수 있는 일을 찾아봤다. 미숙뿐 아니라 조선소 사람들 형편이 모두 비슷했다. 조선소가 잘 될 땐 음식점에서 설거지할 사람도 많이 구하더니 텅텅 비어 있는 곳에 말이라도 붙여보는 건 불난 집에 부채질하는 격이었다.

이진은 명퇴 후 배 타고 바다에 나가 고기 잡는 게 일이었다. 배를 빌리는 값이 만만치 않았지만 고기라도 좀 잡히는 날이면 횟집에 팔 수도 있었다. 그는 거제를 떠나 작은 섬에 들어가 고기나 잡으며 살고 싶다며 이 섬 저 섬 집을 알아보러 다녔다. 그는 예전부터 늘 퇴직하면 사람 없는 조용한 곳에 살고 싶다고 말하곤 했었다.

미숙의 친구들은 할머니 소리가 듣기 싫다고도 했지만, 미숙은 할머니 되는 게 소원이었다. 자기는 아이를 넷이나 낳았는데 어쩌다 손주 한번 안아볼 수 없는 세상이 온 것 같았다.

고맙게도 첫째 수재가 늦은 결혼을 발표했다. 며느리 박지영은 깊은 쌍꺼풀을 가진 미인이었다. 쌍꺼풀이 없는 미숙에게 미인의 조건 일 순위는 쌍꺼풀이었다. 처음 해 보는 시어머니 노릇은 어디서 배워야 할지 알 수 없었지만, 막연하게나마 '시부모 모시듯' 하면 되겠지 싶었다. 미숙은 조 여사의 유일한 유품인 백금 쌍가락지를 하나는 자기 손에 끼고, 나머지 하나는 지영에게 주었다.

아이들이 다 독립하니 미숙에게도 '자유'라는 게 찾아왔다. 조금씩 야금야금 자유의 맛을 음미하다 보니 남편도 아이도 아닌 '나'라는 존재만 덩그러니 남았다. 왜 진즉 이 자유를 쟁취하지 못했을까 미련한 생각이 들기도 했다. 그러나 모두 자신의 선택이었고 누구의 강요도 없었다는 점을 인정해야 했다. 지난 세월이 대견하면서도 왠지 억울했다. 왜 말없이 참기만 했는지 알 수 없는 세월이었다.

아이들은 독립해 각자 자기 갈 길을 가고 있지만 남편은 그렇지 않았다. 남편은 뭐든 챙겨줘야 하는 영원한 막내아들이었다. 미숙은 남편이 퇴직했으니 자기도 육아와 살림에서 퇴직하겠다고 선포했다. 부부도 각자 알아서 자유롭게 살자고 했다. 늙어 서로에게 짐이 되는 일이 없도록 자기 관리도 알아서 하고 퇴직금도 반씩 나눠 경제적으로도 평등하자고 했다. 결혼 후 처음 가져보는 자기 이름이 적힌 통장을 손에 쥐는 날 등에 날개가 돋친 듯했다.

왜 요즘 젊은 애들이 결혼을 안 하는지 해보지도 않고 어떻게 그들은 미리 이 자유를 아는지 참 영특하다고 생각했다.

미숙 부부가 고도섬으로 들어올 때 주민은 불과 십여 가구에 불과했다. 섬에 온 후, 조용하고 단순한 삶에 만족했다. 돌투성이던 조그만 밭을 새로 일구며 철마다 나는 푸성귀를 먹을 때마다 몸과 마음이 푸르렀다. 가족같이 친해진 동네 몇몇 친구와 다자산에 주기적으로 오르며 나무 이름과 꽃 이름, 새 이름을 알아가는 시간은 그 어떤 것과도 바꿀 수 없는 '섬 사는 재미'였다. 그러나 오래가지 못했다.

섬이 방송에 소개되고 다리가 생기면서 육지와 연결되는 바람에 육십여 가구로 늘더니 어느새 펜션과 민박 간판이 섬을 점령했다. 섬에서 나오는 생활 오폐수는 여과 없이 바다로 빠져나갔다. 바다가 아무리 넓고 깊다지만 쏟아져 나오는 폐수 거품은 한동안 섬 주변을 맴돌다 사라지곤 했다. 관광객이 늘어나는 여름에는 쓰레기로 몸살을 앓았고, 플라스틱병과 스티로폼이 바다 위에 둥둥 떠다니는 게 눈에 보였다. 그리 높지는 않지만 산이 있어 더욱 섬이 아름답다고들 말했던 다자산을 깎아 골프장을 만든다는 소문이 간간이 들려왔다. 어느 날부터 섬 전체가 시끄럽다 싶었는데 어느새 나무는 다 없어지고 반대쪽 바다가 훤히 보였다.

미숙은 옛날 정희 하숙방에 모여 이런저런 작당하던 동지들에게 어쩌면 좋으냐고 매일 전화를 했다. 그동안 연락을 끊거나 연락이 안 되는 친구도 있지만 몇몇은 죽는 날까지 동지였다. 가까이 살진 않았지만 힘들수록 똘똘 뭉쳐 한마음이 되었다.

죽으면 다 그만이다 싶다가도 가만있으면 오히려 천벌을 받을 것 같았다. 뭐라도 해야만 했다. 미숙은 지방 신

문에 그간 섬이 어떻게 변화해왔는지 소상히 써서 알렸
다. 그동안 틈틈이 들어서 알고 있던 다자산에서만 산다
는 희귀종 새들과 나무들의 죽음에 대해서도 몇 차례에
걸쳐 기고했다. 도청 앞에서 피켓을 들고 1인 시위도 했
다. 피켓에는 "모든 동물과 식물에도 가족이 있다. 다자
산과 고도섬 앞바다가 죽으면 우리도 다 죽는다"라고 적
었다. 처음엔 모자를 눌러쓰고 선글라스를 썼다. 점차 그
럴 이유도 필요도 없어졌다. 그녀의 뉴스나 인터뷰는 자
주 보도되어 얼굴을 모르는 사람이 없을 지경이 되었다.
마을 사람들과는 계속 모임을 했고 고도섬이 가지고 있는
생태의 가치와 생명의 소중함에 대해 같이 공부하는 모임
을 지속했다.

아이를 낳고 키우는 것이 삶의 목표였고 가장 중요한
가치였던 미숙에게 이제는 섬을 지키는 일이 자기 목숨처
럼 중요해졌다. 작은 섬이었기에 나무 하나 꽃 하나 새 하
나 물고기 하나 모두 모르는 것 없이 다 안다고 느꼈고 그
것들 모두 한 가족처럼 여겨졌다. 섬을 지키기 위해 미숙
은 매일 바빴다. 눈은 침침해지는데 읽어야 할 책과 서류
가 늘어갔다. 고도섬을 지키는 일은 곧 가족과 생명을 지
키는 일과 같았다.

3부

지영은 결혼한 지 3년이 지났다. 아직 임신 소식이 없다. 일 년이 지나도 애가 생기지 않으면 불임이라고 의사는 말했다. 둘 다 아무 문제가 없지만, 인공수정이나 체외수정도 고려해볼 만하다고 했다. 시부모님도 말씀은 안 하시지만 은근히 손주를 기다리는 눈치다. 누구 누구가 '할머니'가 됐다는 말을 넌지시 던지시기도 했다.

남편 수재는 형제가 많은 집에서 커서 그런지 애가 없어도 괜찮다고 했다. 하지만 지영은 아이를 꼭 낳고 싶었다. 졸업 후 계속해오던 잡지사 그래픽 디자인 일도 만족스러웠고 분야에서 어느 정도 인정도 받는 위치에 있었다. 하지만 마음속의 허전함은 무엇으로도 채울 수 없었다. 애들 때문에 힘들다고 말하는 직장 동료들이 오히려 부럽기만 했다.

작년부터 인공수정을 시도해봤지만 의사의 말처럼 쉽지는 않았다. 날짜가 가까워지면 스트레스로 잠이 오지 않았고 밖에 나가면 아이들만 눈에 들어왔다. 온 세상이 아이들 천진데 자기만 외톨이 같기도 했다.

이론은 쉬웠고 방법도 간단했다. 듣고 있으면 바로 임신이 될 것 같았고 아프지도 않다고 했다. 짧은 순간이긴 해도 기구를 삽입할 때 너무 아파서 소리를 지를 뻔했다. 국가에서 얼마를 보조해주었지만 비용도 만만치 않았다. 2년 동안 여러 번 시도했지만 성공하지 못했다. 맑고 쾌청한 하늘이 쓸쓸하기만 했고 구름 사이로 내비치는 햇살에 마음이 베어지는 듯했다.

체외수정은 돈도 더 들고 힘들지만, 확률이 더 높다고 했다. 한 번 아이에 대해 마음을 품으니 포기할 생각이 사라졌다. 어찌해서든 아이를 갖고 싶었다. 의사는 매번 성공할 것이라 희망을 주었다. 말을 듣고 있으면 이번엔 꼭 임신이 될 것 같았다. 그러나 아니었다. 아프기는 인공수정보다 더 아프고 먹는 약도 늘었다. 돈도 적잖이 들었다. 포기하고 싶은 마음과 '여기까지 왔는데' 하는 오기도 함께 생겨 몸과 마음이 극도로 메말라갔다.

— 지영아, 니가 마음 한번 고쳐먹으면 좋은 일 할 수 있다. 불임은 흉이 아니다. 열 명 중 한 명은 불임이라더라. 너 같이 아이 못 낳는 사람도 많지만 낳아 버려진 아이들도 정말 많다고 하더라.

— 네?

— 나는 아이를 많이 낳았지만 그래도 아이들을 입양하고 싶었다. 하지만 느그 시아버지가 찬성하지 않아 실천

은 못 했는데 니가 꼭 하면 좋겠다.

— 입양 어떻겠니?

— 얼마 전까지만 해도 한국은 입양수출국이라 불린 거 알지? 불쌍한 아이들을 이용해 외화도 많이 벌어들였다던데 들어봤지? 이젠 우리가 갚아줄 때가 된 것 같아.

— 어떠니? 입양?

무슨 말인지 어안이 벙벙했다. 시어머니는 입양이 어떠냐고 하셨다. 생각지도 못한 일이었다. 그러나 생각하지 못할 일은 아니었다. 갑자기 다른 세상이 보였다.

낳기도 힘들지만 키우기도 힘들어 베이비 박스와 보육원에 맡겨지는 애들이 많다고 했다. 결핍과 잉여는 한 지붕 두 가족인 듯했다.

입양을 기다리는 아이들은 많다는데 기다리는 시간은 너무도 오래 걸렸다. 기다림은 마치 좀 같이 마음의 평화를 갉아먹었다. 조건도 까다로웠다. 하루하루 마음이 시계추처럼 왔다 갔다 하며 천국과 지옥을 들락거렸다.

아직 입양을 낯설게만 바라보는 우리나라와 같은 환경에서 잘 키울 수 있을지도 의문이었다. 남편 수재는 대찬성인 것 같이 말하다가도 지영이 좀 자신 없는 말을 비추면 힘을 주는 게 아니라 "니가 잘 알아서 하라"든지 "넌

잘할 거야"라는 식으로 은근히 책임을 전가했다. 이미 결심했는데도 마음이 갈팡질팡했다. 지영 자신의 결심도 중요하지만, 수재의 도움 없이는 힘들 것만 같다는 생각이 점점 짙어지고 있었다.

어느 날 수재는 마음의 결정을 했는지 "걱정하지 마, 지영아. 애한테는 엄마뿐 아니라 아빠가 꼭 필요해. 내가 잘할게. 우리 잘 키워보자. 나도 그동안 많이 생각했는데 한 생명을 받아들이는 일처럼 좋은 일은 없는 것 같아"라고 말했다. 남편 수재의 한마디 말이 결정적으로 큰 힘이 되었다.

입양을 고려했었다던 시어머니의 격려도 큰 도움이 됐다. 이미 지영과 수재의 심적 갈등을 잘 알고 계시는 듯했다.

— 내 자식 키우기도 어려운데 남의 자식 키우는 게 얼마나 어려운 일이겠니. 왜 옛날 동화책에 나쁜 계모가 그렇게 많이 나오겠니. 자식 키우는 일이 힘들어서지. 하지만 내 집에 온 순간부터는 누구의 자식도 아닌 내 자식이다. 원래 자식 키우는 일은 도를 닦는 일이랑 같아. 수행하는 부처님의 마음으로, 십자가에 달린 예수님의 마음으로 키우는 거란다. 하지만 힘든 만큼 그것보다 더 큰 기쁨

도 없어. 너무 걱정하지 말아라. 이뻐서 맨날 물고 빨게 될 거다.

시어머니가 웃으며 말씀하셨다.

올해는 동갑인 시부모의 칠순이라 처음으로 함께 여행을 가기로 했다. 시부모님은 국내든 국외든 여행을 잘 안하셨지만, 꼭 한번 가보고 싶은 데가 네팔이라고 하셨다. 지영은 이미 가보았지만 언제라도 다시 가고 싶던 곳이었다.

시부모와의 여행은 처음이라 약간 마음의 부담이 있다. 그러나 두 분에게 특별한 선물이 될 것 같다.

딸 동주에게도 그동안 자주 만나지 못했던 조부모와 가까워지는 시간이 될 것이다. 섬까지 오고 가는 시간이 힘들다고 섬에 오는 걸 굳이 말리셨다. 대신 일 년에 한 번씩 두 분이 동주를 보러 나들이하셨다. 동주는 네 살이지만 어렸을 때부터 여행을 많이 한 편이다. 동주가 오기 전 걱정하고 갈등했던 마음은 동주를 안는 순간 언제 그랬냐는 듯 사라졌다. 그런 생각 할 틈도 없이 동주 커 가는 시간이 아까울 정도로 이쁘기만 했다. 이렇게 동주와 함께 3대가 여행할 날이 오다니 꿈만 같다.

동주가 유아 오전반에 다니기 시작한 때부터 지영은 어렵지 않게 잡지사에 경력 프리랜서로 복귀했다. 일주일에 한 번 정도 출근에다 재택근무가 대부분이라 비교적 융통성이 좋고 경력도 일정 인정해주는 조건으로 일하고 있다. 조건이 좋은 대신 봉급이 만족스럽진 않지만 커리어를 다시 쌓는 것만으로도 좋았다.

급히 볼일이 있을 때는 가까이 사시는 친정엄마가 편리를 봐주신다. 친정엄마는 동주가 너같이 순하고 너를 닮아 너를 키울 때 생각이 많이 난다며 기꺼이 허락해주신다.

형제가 많은 집에서 장남으로 자란 남편 수재는 일찍 퇴근한 날이나 주말에는 설거지를 맡아놓고 해준다. 어렸을 때부터 설거지와 청소는 사남매가 돌아가면서 했다며 행주 짜는 손이 제법 야무지다. 요리에도 취미가 있어 틈날 때마다 새 요리를 개발하여 지영과 동주에게 맛보인다. 엄마가 밥하실 때는 4남매가 당번으로 한 명씩 옆에서 보조를 서 요리하는 걸 옆에서 많이 봤다나.

시어머니는 수재가 자랄 때 말썽 한 번 부린 적 없는 착한 아이였다고 동주가 순한 게 아범을 닮았다고 하신다.

둘째 입양 인터뷰 날짜가 정해졌다. 동주에게 남자 동생을 데려다줄 생각이다. 부모의 나이 제한이 있어 더 나이 들면 입양을 할 수 없다. 동주가 집에 온 후론 풀 한 포기 나무 한 그루가 그냥 풀과 나무가 아니라 사람과 같이 살아 있는 생명체였다. 시어머니가 열심히 환경운동 하시느라 바쁘신 이유를 이제 조금은 이해할 것 같다. 밤길에서 만나는 길고양이나 공원에서 만나는 강아지도 그냥 보이지 않는다. 한 번도 들리지 않았던 새소리가 요즘 들어 더욱더 싱그럽게 들린다. 생각해보면 풀과 나무, 새와 개들은 늘 곁에 있었던 것들이다. 생명이라는 신비가 온 세상을 뒤덮고 있었는데 나만 몰랐다고 지영은 생각했다.

지영이 동주를 살게 해준 것이 아니라 동주가 지영을 살렸다. 동주는 죽어 있던 세상을 살아 있는 생명으로 바꿔준 은인 같은 존재다. 동주 동생의 이름은 서주라 오래전 지어났다. 서주가 오면 세상은 더욱 반짝일 것이다. 벌써 가슴이 벅차다.*

---

* 32년생 조영자·김차진, 52년생 김미숙·전이진, 82년생 이지영·전수재. 일제 강점기와 6·25전쟁을 겪은 조영자와 한국의 산업 혁명기와 침체기를 동시에 겪은 김미숙, 그리고 40대를 맞아 21세기의 주인공이 된 이지영, 3대에 걸친 여성에 대한 소설입니다. 김남주 작 『82년생 김지영』에서 제목을 차용했습니다. 임신과 육아에서 벗어날 수 없는 3대에 걸친 여성의 모습을 짧게 썼습니다. 52년생 김미숙이 바라는 며느리 이지영의 모습을 그려봤습니다. 인구소멸이 중차대한 이슈로 여겨지는 작금의 세태를 바라보며 나름의 대안으로 '입양'을 거론했습니다. 한때 해외 입양 일 위였던 한국이 이제는 역으로 입양을 폭넓게 받아들이는 국가가 되기를 희망하는 마음에서입니다.

* 헌법 제34조 4항

④ 국가는 노인과 청소년의 복지향상을 위한 정책을 실시할 의무를 진다.

☞ **수정** 국가는 여성 노인의 복지향상을 위한 정책을 실시할 의무를 진다. 따라서 여성 노인이 배우자의 노부모를 부양하거나 간병해야 하는 상황이 '발생할' 경우 다음 각 항에 따른다.

④-1 각자 자기 부모는 자기가 알아서(너희 어머니는 네가 알아서 해라) 모시도록 한다.

④-2 부부의 집에 노부모를 모시기 어려운 경우 주거지를 국가에서 마련한다. 이때 주거지는 병원, 슈퍼마켓, 여가시설, 노인 커뮤니티 시설, 식당 등 오직 노인'만'을 위한 노인 전용 복합주거시설을 의미한다.

④-3 전문적인 의료행위가 요구되는 노인 가정 및 보호자에게 필요한 각종 비용은 나라에서 지원한다. 이때 각종 비용이라 함은 ④-2항에서 언급한 주거시설 거주비, 의료비, 문화예술비, 식비 등을 총칭한다.

* 헌법 제36조 2항

② 국가는 모성의 보호를 위하여 노력하여야 한다.

> ☞ **수정**　국가는 모성의 보호를 위하여 노력할 의무를 지닌다. 이때 모성이라 함은 임신 및 육아에 대한 여성 양육자의 사랑과 의무뿐만 아니라 남성 양육자의 사랑과 의무를 포함한다. 즉, 전통적으로 모성이라는 단어에 갇힌 모든 행위(임신, 육아, 교육, 보호)의 주체자가
> 남성 양육자에게도 공히 의무로 적용되어야 함을 의미한다. 단, 임신과 출산에 의해서만 모자 관계가 성립되지 않는다는 것을 명시한다. 결혼하여 아이를 원하는데 불임인 가정, 비혼이지만 아이를 원하는 독립 가구, 이미 자기 자녀가 있지만 입양을 원하는 가정 등등 여러 케이스를 고려하여 입양의 가능성을 확장한다. 입양 시 철저한 교육은 물론 입양이 이루어진 후에도 사후 재교육과 지원을 아끼지 않는다.

* 헌법 제120조 2항

② 국토와 자원은 국가의 보호를 받으며, 국가는 그 균형 있는 개발과 이용을 위하여 필요한 계획을 수립한다.

☞ **수정**　　국가는 국토와 자원을 절대적으로 보호해야 한다. 균형잡힌 개발, 혹은 지방활성화를 표면상의 이유로 무차별하게 땅을 파헤치거나 산림을 파괴하는 것을 법으로 강력하게 규제한다. 개발논리를 가진 이들은 이미 십여 년 안에 많게는 이십여 년 안에 지구를 떠날 사람들이므로 후손이 살아야 할 대한민국 땅을 훼손하는 것(책임지고 죽든가!)을 용인해서는 아니 된다. 따라서 케이블카 설치, 출렁다리 개설, 골프장 유치, 리조트 개발 등 오락시설을 빙자한 투기행위를 일절 금지한다. 이를 어길 경우 연좌제를 적용하여 3대 손까지 매연이 심한 도시에서 살도록 강제한다.

50대 이후의 아들들에게

경기 고양지부
홍영미

홍영미

학교 졸업 후, 학교 선생님 일을 시작으로 참 다양한 일을 하며 살았다.
공공근로도 하고, 장애아동 보조 일도 하고, 마트편의점 일도 하고, 밤새 식당
설거지하는 일도 하고, 시각장애 학생 대입 수험 준비 돕는 일도 하고, 성인지
교육 강사도 하고. 그러다 50세 넘어 사회복지사가 됐고, 정년퇴직을 했다.
틈틈이 책을 읽고 끼적이다 요즘은 주로 남의 책 원고 다듬는 일을 하며 지낸
다. 힘에 겨울 정도로 애쓰며 살지 않아도 자신의 삶을 잘 살아낼 수 있는, 기회
의 디딤돌이 많은 건강한 세상을 바란다. 그만큼 평안한 모두의 삶을 바란다.

50대 이후의 아들들은 어떤 모습으로 살고 있을까.

상당한 재력이나 명성을 가진 가장; 골프 치면서 부하 직원들의 수발을 받고 있을까. 꽤 큰 평수의 집 한두 채 이상에 더해 알사탕처럼 빼먹을 수 있는 월세 나오는 건물 정도는 가지고 있겠지. 아내 역시 사회적 지위나 이름을 가지고 있는 경우가 많을 거다. 자식들도 거의 좋은 대학을 나오거나 좋은 배우자를 만나는 경우가 많다(여기서 '좋은'은 실력 있다고 알려진 혹은 인물과 배경이 빵빵한 경우). 물론 이렇게 누릴 수 있게 되기까지의 과정은 논외로 하자. 누군들 아무것도 하지 않은 것이 아니니. 원하는 그림의 삶을 비교적 쉽게 이룰 수 있으니 그냥 '인생은 아름다워~'다.

그냥 대부분의 가장; 큰 재산 없고, 배운 지식이나 기술로 평생 삥삥이 치며 살고 있다. 간신히 구입한 집 대출자금과 아이들 교육비에 묶여 변변한 외식, 문화생활 그런 거 모르는 체하며 눈 감고 살아왔다. 근데, 아내와 다 큰 자식들의 성화에 못 이겨 남들처럼 해보려고 애쓴다. 여행사에서 제공하는 '단체여행'이라는 것도 가보고, 조금 여유가 생기면 삼삼오오 친구끼리 가족끼리 휴대폰 번역기를 돌리며 가까운 외국으로 나가서 한껏 폼도 잡는다. '핫하다'는 음식점에 방문해 인증샷도 찍고 말이다. 그러면서도 통장의 잔고를 몰래 점검한다. 그냥 '인생이 다 그렇지 뭐~'다.

삶이 전쟁인 가장; 그냥 뭘 해도 잘 안 풀린다. 어렵게 구한 직장은 정년은커녕 당장의 생활비도 못 채워주기 일쑤다. 에혀, 자영업으로 탈출구를 모색해 볼까 했는데, 근데 이건 전쟁의 한가운데 갇힌 꼴이 돼버렸다. 그냥 사방이 적이다. 대출금에 임대료에 인건비에 '텅장'만 난무한다. 아내의 한숨과 아이들의 싸늘한 눈빛이 무서워 집에 들어가기 싫다. 주머니가 가벼워 쉽게 화풀이도 하기 어렵다. 그냥 '인생이 나한테 왜 이래~'다.

모든 걸 다 잃거나 놓친 가장; 조금 잘나가는 듯싶던 시절이 스치듯 지나갔다. 몸과 마음이 정처 없이 휘둘린다. 이것인 것도 같고 저것인 것도 같았는데, 이것도 저것도 아니었다. 그저 무력한 몸뚱이와 허기진 배고픔뿐이다. 염치나 예의, 그런 거 개나 줘버려라. 내민 손길을 보란 듯 뿌리치고 큰소리도 치지만 남은 건 초라함과 슬픔이다. 자책과 후회를 넘어서기에는 이제 힘이 너무 없다. 현재의 자신을 받아들이고 인정하는 게 제일 힘들다. 그냥 '인생은 죽기보다 힘들어~'다.

50대 이후, 누군들 편안한 만족감으로 살고 싶지 않을까만은 삶이란 녀석은 도무지 만만하지 않았다. 배운 게 많고 가진 재산이 많았어도 역시 쉬운 일은 아니었을 거다. 그런데, 이 할매가 70이 다 되도록 살아보니 삶에서는 '온기'라는 게 핵심이더라. 그리고 그 '온기'의 중심은 '밥 그리고 나눔'이더라.

대부분 '밥'은 아내 혹은 엄마, 혹은 집안의 어느 여성이 차리게 된다. 찬거리를 사 오고 다듬고 조리하여 한 상차려내고 뒤처리까지 하는 일련의 과정은 큰 이변이 없는한 자연스럽게 진행된다. 밥상이 풍성하든 초라하든 과정은 어느 집안이나 거의 비슷한 그림일 거다. 어쩌면 밥상이 조금 더 풍성하면 대하는 식구들의 표정이 조금 더 온화해진다는 점이 다를까.

온기: 따뜻한 기운 / 온화함: 온순하고 인자함, 따뜻하고 맑음

낱말의 뜻에서 알 수 있듯이 우리가 밥상을 대하는 모습은 '온기'를 바탕으로 한 감정이 자연스럽게 표현되는 현장이다. 화가 나도 슬퍼도 외로워도 밥을 먹는 동안 슬며시 누그러지는 감정을 누군들 경험해보지 않았을까. 요즘 '먹방' 프로그램을 보면 젊은이들이 굉장히 맛있는 음식을 먹으면서 '화'를 표현하는 게 대세인가 본데, 본디 '밥'은 '누그러짐'의 대명사가 아니던가. 가족 혹은 누군가를 위해 밥을 하고 차려낸다는 것은 그들을 온기로 싸안고 감정을 다독여준다는 것이니, 이 얼마나 거룩하고 훌륭한 일인가.

그런데 문제는 그 좋은 '밥하기'를 주로 여성만 한다는 거다. 왜 대다수의 남자들은 이 좋은 밥하기를 멀리할까. 아쉽구면 아쉬워. 물론 밥 퍼주는 목사님도 계시고, 아내를 위해 계란말이를 잘한다는 누군가도 생각나긴 하지만, 그들의 퍼포먼스 같은 거 말고 말이다.

기계적으로 아내들이 차려주는 밥상을 받고 그저 나가서 열심히 돈벌이 마치면 또다시 돌아와 밥상을 받는 일상. 그것이 대부분 남성들의 일상이기에 바로 문제가 심각해지는 거다. 어떤 문제? '온기'를 나누는 경험이 부족한 삶이 가져오는 결과 말이다.

위 가장들의 구분을 볼 때, 각 범위 안에 속하는 남성들은 각각의 다른 삶을 살고 있으나 혹시 그들에게 공통점은 없을까. 뭐가 있을까.

다 똑같다. 아내, 여성이 차려주는 밥상을 당연히 받아들이고 있는 거다. 그러기에 어떤 삶을 살고 있든 아내가 없는, 여성이 없는 상황에서 그 남성의 삶은 급격히 무너져내린다.

어쩌면 극단적이라고 할지 모르나 실제 혼자 남은 남성의 삶을 지탱하는 건 '온기'의 있고 없음이다. 품에 품을 수 있어서 느끼는 '온기'가 아니라 삶을 지탱하게 하는 힘으로서의 '온기'를 말한다. 주변에 관심을 주고 상대를 배려하고 친절함을 유지하며 나누기를 기꺼워하는 일, 그게 바로 삶을 지탱해주는 '온기'의 실체다.

밥은 어떤 식으로든 해결된다. 컵라면도 종류별로 있고, 심지어 컵밥에 다양한 맛과 종류별 밀키트도 차고 넘친다. 돈만 있으면 해결되는데 뭐가 문제일까. '주거니 받거니'가 빠져 있다. 이 '주거니 받거니'는 사회생활 전반에 걸쳐 큰 영향을 미치고 있지 않나. 상사의 갑질, 힘 있는 자들의 횡포, 가진 자들의 폭력 등 많은 사회적 병폐가 바로 '주거니 받거니'가 제대로 작동하지 않아서다. 앞서 말했던 배려와 친절함과 나누는 일의 당연함이 '주거니 받거니'의 기본인데, 이것이 제 역할을 하지 못하여 일방적인 폭력과 무시와 잔인함이 난무하는 거다.

그럼, 남성들은 원래 그렇게 태어난 걸까.

아니지, 아니지. 보고 배우고 경험해보지 못해서지.

대부분의 사람은 결핍으로부터 성장한다고 한다. 결핍을 채우기 위해 애써 힘과 시간과 돈을 들이는 거다. 때로는 혼자 감당하지 못해 주변의 도움을 받기도 하며 서서히 채워나가는데, 몇몇은 맞서지 못하고 회피하거나 분노

로 힘을 과시하는 형태로 오히려 자신을 파괴하는 지경에
이르기도 한다.

부모님이나 주변 사람들의 애정과 신뢰, 인정에 대한
결핍, 경제적인 결핍, 소유와 명성에 대한 결핍 등 다양
한 결핍을 마주할 때 이를 상대에 대한 공격으로 해소하
는 사람들이 있다. 주로 남성들이 거친 사회생활에 많이
노출되다 보니 이런 공격성과 무례함, 불친절과 이기심이
상승작용을 해서 특히 가까운 가족에게 칼날을 휘두르기
도 한다.

뻔한 월급에 반찬 투정을 부리거나 누구네 마누라는 어
떻게 해준다더라 하며 천박한 비교를 뻔뻔스럽게 하고,
눈치 보는 아이들에게 되지도 않는 큰소리를 치며 가장을
우습게 안다고 억울하다며 징징댄다. 그러다 마침내 폭력
을 시전하시기도. 하, 나 참. 그럼에도 여성들은 아내들은
여전히 밥상을 차리고 또 차리며 가슴을 쓸어내린다. 왜?
'온기'가 필요한 것을 알기에. 거의 무의식적으로 정화수
떠놓고 빌어보는 심정이랄까.

그러다 종국에는 가족들이 외면하고 말지. 가족들이 떠
나거나 남성 스스로 떠나거나.

나는 몇 년 전, 지역주민 중 저소득, 주로 독거 가정을 방문하여 그들의 정신건강을 돌보는 사회복지사로 일했었다. 노숙과 정신건강의 어려움을 가지고 있는 여성들을 위한 사회복지 시설에서 일했던 경험으로 정년퇴직 후 지역 정신건강을 담당하는 역할을 맡은 거다.

　20, 30대 젊은 층도 있었지만 대체로 50대 이후로, 정부 보조금을 받는 기초수급 대상이거나 그것조차 받지 못하는 사각지대에 있으며, 지역을 담당하는 간호사가 정신건강의 어려움을 보인다고 판단한 분들이다. 여성 남성, 연령대 구분 없이 찾아다니며 이야기를 나누다 보면 연령대에서는 큰 차이를 보이지 않지만, 성별에서는 아주 큰 차이점이 드러난다. 바로 이 지점이 내가 하고자 하는 이야기의 핵심이다.

　내가 만난 모든 분들은 주로 외로움과 경제적 어려움, 만성 질병과 노화에 따른 신체적 어려움으로 일정 정도 이상의 우울감을 보였다. 대부분 우울증 검사에서 중증도 이상의 결과를 보이고, 몇몇은 정신과 상담과 치료가 필요한 정도의 우울감을 갖고 있었다. 그런데 한 가지 특이점이 나타났는데, 그것은 여성과 남성의 실제 생활 모습에서 큰 차이가 있다는 거였다.

모두가 부족하고 힘든 상황임에도 여성들은 열악한 주거 환경이지만 대체로 잘 정돈된 생활을 유지하고 있었다. 입성도 대체로 깔끔했고, 적은 횟수이긴 해도 외부와의 느슨한 소통을 이어가고 있었다. 또한 그들이 처한 상황에 대해 이해하고 인정하려 했으며, 무엇보다 극복하려는 긍정적이고 적극적인 태도를 보여주었다. 그에 비해 남성들은 거의 무기력과 자포자기, 분노와 상실에 빠져서 될 대로 되라, 하는 모습이 많았다. 아무래도 여성들에 비해 남성들이 사회 문화적 영향으로 인해 더욱 큰 상실과 좌절의 굴레에 빠져드는 것 같았다.

여성들은 상담을 통해 드러난 자신의 약점을 대체로 인정하며 전환하기 위한 제안에 대해 순응하는 편이었다. 우울감에 빠져 허우적대는 자신을 벗어나고 싶어 하는 의지를 보이며 전문적인 상담과 치료에 적극적으로 참여하기도 했다. 물론 도중에 힘들어하며 애를 먹이기도 했고, 이렇게 저렇게 꿍얼대면서도 결국은 가고자 하는 방향을 대체로 잘 잡아 나아갔다. 일 년여를 지속해서 만나고 모니터링한 결과 정신과 상담과 치료, 지역 복지관이나 종교단체, 주민센터 등 공공기관뿐 아니라 심지어 소소한 이웃들과의 연계 및 연대를 통해 조금씩 회복하고 있었다. 나와 만나는 시간 동안 자신이 얼마나 달라졌는지 자랑도 하고, 또 다른 계획과 소망에 대해 즐거운 상상을 나누기도 했다. 물론 나와 만난 모두가 그렇게 달라진 건 아니다. 그러나 전체적으로 봤을 때 긍정적인 면이 제법 드러났다는 것은 확실하다. '도움'에 대한 시선이 달라진 거다. 그것은 부끄러운 것이 아니고, 자존심 상하는 일이 아니라는 것. 그리고 자신의 태도에서 삶을 바라보는 시각이 달라질 수 있다는 것. 그리고 주변에는 언제든 도울 준비가 되어 있는 자원이 있다는 것 등.

그러나 남성들은 일단 나와의 만남 자체를 거부하는 경우가 대다수였다. 여러 날이 지나서야 간신히 첫 만남이 성사되었다. 만나는 장소는 주민센터 상담실인 경우도 있었고, 건강 상태가 좋지 않거나 노령인 경우는 집으로 직접 방문하여 만났다. 집은 대체로 불결하거나 정리되지 않아 어수선하고 공간 자체가 매우 제한적이었다. 딱 앉아서 밥상 하나 펴거나 누울 수 있을 정도만 남기고는 이런저런 물건들로 들어차 있기도 하고, 아예 텅 빈 공간 그 자체이기도 했다. 그들을 둘러싼 물건들은 대부분 그곳에서 생활하기 전, 그래도 어느 정도 여유를 가지고 살던 시절 자신을 지탱해 주던 것들이라고 해야 하나. 아무튼 버리지 못한 과거가 켜켜이 쌓여 있었다.

대부분의 남성들은 자신의 과거에 대한 집착 또는 회한들에 발목이 잡힌 채 현실을 받아들이기 힘들어했다. 나름대로 삶을 살기 위해 애썼던 시간들이었겠지. 착실하게 직장생활을 했고, 사업을 했고, 무작정 한량으로 살기도 했고, 빚 감당이 안 돼 고립됐고, 반복되는 지병으로 소진했고, 특히 가족들로부터 외면당했고, 무엇보다 손을 내밀기 힘들었다. 자존심과 함께 신체적 능력 또한 한없이 추락했다. 불과 얼마 전까지 뛰고 날던 팔다리 근육은 힘을 잃었고, 극도의 불안과 스트레스로 성한 이가 얼마 남지 않은 지경에 이르기도 했다. 그러다 보니 먹는 게 부실해져 건강 상태는 엉망이었다. 그나마 작동하던 연락처마저 먹통인 경우가 대부분이었다. 그게 그들의 현실이었다. 어느 날 만난 사회복지사라는 사람이 자신들에게 온전히 집중하여 들어주고 관심 가져주니 당황스러워했다. 그러다 차츰 머리 허연 나이 많은 아줌마가 부담스럽기도 했지만 은근 기다려지는 존재가 되어갔다. 나와 만나는 날은 일찌감치 일어나서 머리도 감고 면도도 하고 옷걸이에만 걸려있던 셔츠로 바꿔 입고 이불도 단정히 개어놓고 싱크대 안 설거짓감도 깨끗이 치워놓곤 했다. 그들 스스로도 싱긋 웃었다. 조금 환해졌다고. 찾아와주어 고맙다고.

이들 중에는 특히 기억나는 분들이 몇몇 있다.

모 공영방송국 앵커로 활동했던 80대 어르신의 집은 텅 빈 창고같이 삭막한 잿빛 공간에 두 칸 방이 있었다. 한 방은 이부자리와 TV와 작은 냉장고가 전부였다. 다른 한 방에는 자신이 잘나가던 앵커 시절 입었던 슈트가 커다란 행거 두 개에 빼곡히 걸려 있었다. 그분은 매일 그 방의 옷들을 위안 삼으며 하루하루 버티고 계신 거였는지 모른다. 아무도 찾지 않는 당신을 직접 찾아와준 것에 고마움을 표하며 당신이 드시려고 사다 둔 음료수를 굳이 권했다. 아주 가끔 찾아오는 자식들은 꽤 잘살고들 있었는데, 세심한 배려나 친절은 집 안 어디에서도 찾아볼 수 없었다. 어르신을 처음 만난 지 얼마 안 돼 다시 만나기로 한 날, 지역 간호사로부터 건강이 더 안 좋아지신 거 같다는 연락을 받고 급히 달려갔다. 어르신은 창고 같은 건물 입구 도로변 콘크리트 바닥에 아무런 조치 없이 그대로 널

브러져 계셨는데, 허름한 거의 속옷 차림의 맨몸이었다. 아들이라는 남성은 어디론가 열심히 전화 통화를 하고 있었다. 아무리 다급한 상황이어도 그렇지, 겉옷이라도 벗어 덮어주거나 수건이라도 깔아줄 수도 있었을 테고, 아니면 머리라도 괴어줄 수 있었을 텐데 어찌 그리 무심할수 있을까 싶었다. 구급차에 실려 인근 요양병원으로 이송되고 이 주 정도 지나 아들로부터 돌아가셨다는 연락을 받았고, 고마웠다는 인사를 받았다. 병원에 계신 동안 아들과 지속적으로 통화하며 안부를 챙긴 것에 대한 마음의 표시로 받아들였다.

모 은행의 부장으로 퇴임한 50대 남성은 분노와 불안에 매여 있었다. 잘나가던 시절, 풍족하게 살던 집안은 그가 퇴직 후 사업에 실패하면서 모든 삶이 곤두박질쳤다. 아내의 요구로 이혼했고, 두 아이의 양육비를 대기 위해 고기잡이배까지 타야 했다. 힘들게 버텼지만 팔을 거의 잃을 정도의 사고로 더 이상 일을 할 수 없게 되었다. 양육비 때문에 결국 빚까지 지게 되고, 이어지는 독촉의 굴레에서 겨우 찾은 일자리는 대리운전과 탁송 업무였다. 자신은 운전을 정말 싫어해서 최소한의 운전만 하며 살았는데, 이제 다친 팔 때문에 다른 일은 할 수 없어서 밥벌이로 운전만 하며 살아야 하니 그 스트레스는 이루 말로 다할 수 없을 지경이라 했다. 결국 이가 여러 개 빠졌고, 혈압은 당장 일을 그만두어야 할 정도로 치솟아 있었다. 특히 정신건강 상태는 훨씬 심각한 상황이었음에도 상담과 치료에 부정적이었다. 돈도 없고 시간도 없다며. 네가, 편히 입만 놀리면서 사는 너라는 아줌마가 감히 나를 어떻게 이해하겠느냐며 조롱하듯 '썩소'를 날렸다. 그러면서 사고 때 입은 커다란 상처와 수술 자국을 전가의 보도처럼 휘둘렀다. 아, 이 사람을 어찌할 것인가. 이 분노를 무엇으로 잠재울 수 있을 것인가. 흔들리지 않으려 마음 다잡으며 당신이 지금 내 제안을 받아들이면 이러이러한 것이 달라질 수 있음을 다시 간곡히 부탁하고 다음 상담 일정을 알렸다. 그러나 예상했던 대로 그는 응하지 않았고, 나는 주민센터 사회복지 담당자에게 긴급으로 요청했다. 아무개에 대한 사정(査定)을 다시 해줄 것을. 지금 그의 상태가 얼마나 위험한지를. 다행히 담당 공무원으로부터 경제적 긴급 지원과 건강 진료에 대한 지원이 가능하다는 확답을 받고 그에게 알렸다. 그로부터 며칠 후 그에게서 먼저 연락이 왔다. 주민센터에서 담당 공무원이 직접 쌀과 김치 두 통을 가져다주었다고. 자신을 끝까지 놓지 않고 이렇게 노력해준 사람을 만난 것이 처음이라며, 고맙다며, 내일 당장 병원에 찾아갈 거라고 했다. 비로소 가슴을 쓸어내렸다.

미술 전공을 한 50대 남성은 집안이 꽤 부유했어서 일본의 유명 학교에서 공부하고 돌아왔다. 그럭저럭 집안의 재력으로 결혼생활을 유지했지만, 남자의 무력함에 질린 아내는 아들을 데리고 일본으로 떠났고, 그때부터 그의 삶은 갈피를 잃고 말았다. 간신히 그림으로 먹고사느라 버티긴 했지만 가난을 벗어나거나 안정된 삶을 사는 건 무리였다. 흘러 흘러 언덕 위 오래되고 낡은 다가구 주택 꼭대기 층에 자리를 잡았다. 7, 8평 남짓한 작은 공간은 모두 자신의 그림으로 들어차 있었다. 그런데, 그림은 하나같이 세계적으로 유명한 화가들의 모사품이었다. 세기의 대가들의 그림을 베끼며 그는 자신이 그 대가가 된 환희를 맛보았을까. 어쩌면 그 황홀경이 그를 아프고 팍팍한 현실을 견디게 해줄 유일한 처방전이었을지 모르겠다. 그는 내내 자신의 그림을 설명하며 자신의 존재를 증명하려 애썼고, 그러면서도 현실의 어려움에 대한 도움의 손길을 넌지시 전했다. 아들이 너무 보고 싶어서 간신히 연락이 닿은 적이 있었는데, 아들은 전혀 반응이 없었다며 가슴 아파했다. 환경을 바꾸는 것이 급선무이긴 해도 당장 그림들을 없애버리는 것은 자살을 종용하는 듯해서 밖으로 끌어낼 기회를 찾았다. 마침 내가 근무하는 곳에서 일 년에 한 번씩 회원들의 작품을 전시하는 행사가 있어서 그에 대한 포스터를 그에게 맡기기로 했다. 도무지 자신만의 작품으로 선 경험이 없어서인지 망설이기에, 당시 모 갤러리에서 열리고 있는 외국 유명 화가의 전시회 팸플릿을 주고 거기 나와 있는 그림 중 가장 단순한 형태의 그림을 변형해서 그려보기를 권했다. 그렇게 작게나마 외부 활동이 시작됐고, 가까운 곳에서 어느 신부님이 가난한 청춘들을 위한 식당을 운영하는데 일할 사람이 필요하다는 소식을 접하고 그를 안내했다. 다행히 신부님의 너그러움과 그의 성실함이 잘 맞아서 그는 당당한 직업인의 삶을 살게 되었다. 내가 그 직장을 떠난 후 동료들에게서 들은 소식에 의하면 어여쁜 아내를 맞이해 새로운 삶을 시작했다고 한다. 그래, 조금만 관심을 가지고 둘러보면 이렇게 신나는 인생이 드러날 수 있는데.

주민센터를 통해 할아버지 한 분을 소개받았다. 80대 어르신은 어느 정도 재력이 있었지만 자녀들이 모두 외면하여 홀로 큰 집에 덩그러니 남겨져 외로움과 사투를 벌이고 계셨다. 젊은 시절 알 만한 공기업에서 승승장구하며 외국을 이웃 드나들듯 날개를 달고 살던 시간은 거짓말처럼 아무 일 없었다는 듯 어르신의 삶 속에서 빠져나갔다. 자신의 삶을 증명해줄 것은 남은 돈 얼마만큼이 다였다. 모든 인간관계가 단절된 적막강산만이 덜렁 남아 주고받을 것 없는 공허뿐이었다. 왜 이렇게 되었는지 곱씹는 건 아무 의미 없는 칼날이 되었다. 그 칼날에 베이고 베이다 이젠 지쳐 정신도 흐릿하다. 당연히 잠도 못 잔다. 안 아픈 곳이 없다. 노인들의 사교 장소로 유명하다는 종로3가를 찾았지만 그때뿐, 집에 돌아오는 시간이 점점 더 두려워졌다. 어르신의 하소연 내용을 문서로 정리해서 우울증 검사 결과지와 함께 어르신을 모시고 인근 정신건강의학과를 찾았다. 담당의는 일주일 치 약을 처방해주었고, 일주일 뒤 다시 어르신을 만났다. 어르신은 나의 손을 맞잡고 환한 웃음을 지었다. 도무지 언제 그랬느냐 싶게 몸과 마음이 개운하시다고. 이제는 종로에 나가서 친구들도 사귀게 되었고, 함께 식당에서 밥도 사 먹고, 근처 노인들을 위한 영화관에서 영화도 보며 즐기게 되셨다고 했다. 집에 돌아와 푹 자고 일어나면 또 하루가 기대된다고, 새롭게 사는 인생이 즐겁다 하셨다. 오, 어메이징. 미라클. 그런데 이건 놀랄 일이긴 해도 마법은 아니다. 아주 작은 관심과 격려와 적절한 의료의 도움이었을 뿐. 누군가가 어떠한 인생을 살았다 하더라도 마지막 남은 시간은 조금 더 평안했으면. 근데, 어르신은 상담을 끝내고 돌아서는 내게 급히 주머니를 뒤져 잡히는 대로 3,000원을 쥐어주셨다. 고맙다고, 가는 길에 차비에 보태라고. 하하하. 안 받은 건 안 비밀!

40대의 비교적 젊은 친구는 그냥 종합병원 자체였다. 20, 30대에는 멀쩡히 학교 졸업하고 전공 살려서 취업도 하고 그런대로 살 만했다. 그러다 느닷없이 심장에 이상을 느끼게 되었고, 치료를 위해 직장을 그만둔 이후, 그의 삶은 끝모르게 추락했다. 추락하는 거에는 날개가 없다고 했던가. 정말 빈약한 날개라도 있었으면 이렇게까지 만신창이가 되진 않았겠다는 안타까움이 컸다. 심장에 이어 신장까지 망가지는 병치레가 이어졌고, 결국 사회적으로 고립되다 보니 정신건강에도 빨간불이 켜졌다. 형이 한 명 있는데 형도 넉넉지 못한 형편에 도움의 손길이 미치지 못했고, 연로하신 어머니가 수발을 들어주셨다. 그러다 노쇠한 어머니를 봉양해야 하는 역전극이 벌어졌고, 얼마 전 어머니는 돌아가시고 볕 들지 않는 어두침침한 골방 같은 집에서 우두커니 작은 브라운관 텔레비전만 마주하며 지내고 있었다. 그나마 정부 지원으로 치료비를 감당하고는 있지만 딱 일정 치료 외의 기타 등등 건강 관련 의료비는 꾸준히 발생하여, 살고 있으나 살아 있지 않은 듯한 삶이었다. 처음 찾아온 나에게 웅크린 모습으로 마주하기 어려워하던 그는 계속 이어지는 방문으로 마음을 열고 조금씩 웃어 보였다. 그리고 아주 작은 소망 하나를 말했다. 시골에 있는 형한테 가서 살고 싶다고. 그럽시다, 그럽시다. 아무렴 그래야지요. 몸 건강을 회복하기 위해선 마음의 건강도 회복해야 하니 그것도 해봅시다. 그의 치료를 위해 정신건강 전문의를 연결해주는 것을 끝으로 나의 임기가 끝나 더 이상의 관계는 이어지지 못했지만, 내가 방문하는 날에는 설레는 맘으로 깨끗이 씻고 맞이해주었던 그가 아직도 맘속에 남는다.

1평도 채 안 되는 고시원에서 살고 있는 50대는 부산에서 태어나 터를 잡고 어판장 일을 하며 가정을 꾸리며 살았다. 학력이 높진 않았지만 부지런하고 맘씨 좋은 인품으로 주변의 인정을 받았단다. 때로는 허세도 부릴 줄 알아 매상이 좋은 날에는 인심도 팍팍 쓰면서. 그러다 한순간의 실수와 동료의 배신으로 사업은 곤두박질쳤고, 이어지는 생활고에 아내와 아이들은 떠났다. 물론 그의 허세가 발단이 된 일이긴 했지만 만회하려는 몸부림은 매번 더 많은 고통만 남길 뿐이었다. 그렇게 흘러 흘러 서울까지 올라와서도 좀처럼 삶은 펴지지 않았고, 결국 고시원 한 뼘 창문에 턱을 대고 하염없이 시간을 보내고 있었다. 인력 시장에 나가 일거리를 얻은 날보다 공치는 날이 더 많은 생활. 이제 나이도 들다 보니 아픈 몸을 건사하는 것도 버거워졌다. 아무도 찾아오지 않고, 만날 사람도 없는 생활이 이어지던 차에 나를 만나면서 숨통이 트이는 것 같아 좋다고 했다. 주민센터 작은 뜰에 있는 탁자 앞에 마주 앉아 자판기 커피를 마시며 그냥 자신의 이야기를 가감 없이 들어주고 함께 웃어주는 시간을 내어주어 고맙다고 했다. 이제 문을 열고 밖을 향해 다시 나아가겠다고 했다. 그저 집중해서 들어주고 시간을 내준 것밖에 없었음에도 그는 천군만마를 얻은 것처럼 즐거워하며 씩씩해졌다. 주민센터를 통해 일자리 정보를 연결해주고 나의 임기를 마쳤다. 나를 만나는 날이면 자신이 가지고 있는 옷 중 젤로 좋은 것이라 생각한 옷에 금목걸이와 선글라스까지 끼고 나타났던 그. 도무지 어울리지 않는 조합이었지만 그의 씩씩한 웃음이 패션을 완성했다. 어딘가에서 허세를 더한 호방한 웃음을 보이며 씩씩하게 버틸 그를 맘속으로 응원한다.

이 밖에도 참으로 다양한 삶의 여정을 이어온 많은 남성이 있었다.

나의 학창 시절 제법 이름을 알리던 60대 전직 소설가는 알코올 중독으로 더 이상 글을 쓰지 못했고, 다니던 출판사에서도 밀려나 건물 지하 창고방에서 연로하신 어머님과 흐릿한 형광등 아래 낡은 책들을 끼고 살고 있었다. 또 제법 돈벌이에 재주가 있던 아내가 벌어다주는 돈으로 평생 댄스홀에서 마음껏 취해 살다가 아내가 세상을 떠난 뒤 어찌할 바를 모른 채 허망해하며 차곡차곡 수면제를 모으고 있던 70대 남성도 있었고. 온갖 허드렛일을 하다 뇌졸중으로 쓰러져 누운 아내를 두고 치다꺼리가 힘들다며 징징거리던 70대 남성, 철없던 어린 나이에 결혼생활을 시작했지만, 어느 날 아이 엄마가 아들을 안고 자취를 감춰서 이후 가끔 나타나는 환시와 환청으로 신산한 세월을 힘들게 버티고 있는 50대 남성 등등.

이렇듯 삶의 질곡은 누군가의 숨통을 죄며 잔인하게도 짓밟는다. 그럼에도 한 줄기 숨통이 트이는 곳, 그곳이 바로 '온기를 품은 사람'이 있는 곳이다. 앞서 이야기했던 그 '온기', 관심과 친절함과 배려와 함께 나눔으로 이어지는 '온기'가 사람을 살게 한다. 그것도 사람답게.

만약 남성들이 살면서 이 '온기의 삶'을 많이 경험했더라면 어쩌면 가족들로부터 외면당하지 않고 끝내 일어서지 않았을까. 어려운 고통의 시간을 좀 덜 아프게 지날 수 있지 않았을까. 어려서부터 관습적으로 길든 '강함이라는 권위'의 굴레에 스스로 갇혀 주위를 돌아보지 못하고 함께 나누지 못했던 시간들이 쌓여, 혼자가 됐을 때 한꺼번에 무너지고 마는 현장이었다고 하면 너무 야박한 판단인가.

여성들은 알게 모르게 가정 혹은 어떤 집단을 돌보고 이끄는 일에서 얻은 경험들이 쌓여 이렇듯 어려운 환경에서도 완전히 무너지지는 않았다. 여성들은 자연스럽게 '온기의 힘'을 경험한 거다. 집 앞 수퍼에서, 골목길에서,

미장원에서, 하다못해 동네 목욕탕에서도. 그곳에서 정보를 얻고 위로도 받고 지지도 받는다. 우스워 보이는 그것들이 삶에 자연스럽게 스며들어 적용의 힘을 발휘하여 서로 받치고 지탱해줬다. 그래서 쉽게 무너지지 않는다. 무너졌다 해도 회복력이 빠르다. 바로 이 회복력이 관건이다. 남성들에 비해 회복력이 강한 것은 이러한 '삶의 온기'를 어려서부터 자연스럽게 익혔기 때문 아니겠는가.

다행히 주위에는 남성들 중에도 이러한 놀라운 회복력과 온기를 품은 삶을 적극적으로 펼치는 사람들도 많다. 그러니 그러한 남성과 여성이 연대를 한다면 그 에너지는 과히 폭발적이지 않겠나. 우와~

책『이처럼 사소한 것들』, 영화 〈나의 올드 오크〉는 내가 지금까지 했던 이야기의 중심을 아주 잘 드러내준 작품들이다. 두 작품 속 주인공은 모두 주변의 아주 작은 것, 사소한 것처럼 여기는 것에도 못 본 척하지 않고, 모른 척하지 않고, 관심을 보이고 손을 내밀고 기꺼이 감싸안는다. 특히, 〈나의 올드 오크〉에서 나오는 명대사 "우린 함께 먹을수록 더욱 단단해진다"와 그들의 구호가 된 "용기, 연대, 저항"은 더 이상의 말을 필요로 하지 않는다. 그래, 삶은 그런 거다. 그렇게 사는 거다. 더 이상 무슨 말이 필요할까. 그냥 그거면 됐다.

그래서 제안한다. 50대 이상 아들들에게. 제발 손을 내밀라고, 그리고 그 손들을 서로 맞잡으라고. 연대하라고. 그대들에게 힘을 주려는 많은 사람이 기다리고 있으니.

그래서 그들을 위한 공간을 마을마다 하나씩 만들기를 제안한다. 집의 낡고 좁은 주방에서 라면 끓이느라 애쓰지 말고, 우유랑 빵 하나를 먹더라도 이 공간에 나와서 하라고.

공간에는 산뜻한 주방 시설과 운동하고 담소할 수 있는 시설이 있으면 좋겠다. 탁구대나 당구대를 놓아두면, 운동도 하고 탁자로도 쓸 수 있으니까. 그리고 이 공간을 맡아 관리하고 이들의 욕구를 들어주고 문제를 중재하고 도움을 줄 자리는 은퇴한 사회복지사들이 맡는 거다. 얼마나 많은, 준비된 사회복지사가 기다리고 있겠는가. 정부의 노인 일자리 비용, 이런 데 써라. 괜히 빗자루 하나씩 들고 어슬렁거리게 하거나 애나 보라고 하지 말고. 그들이 스스로 눈치 보지 않고 자유롭게 연대하여 새로운 문화를 만들어가는 주역이 되는 거다. 그래서 다시 살맛 나는 인생을 만들어가는 거다.

현재 독거사의 많은 부분을 차지하고 있는 대상이 바로 이 50대 이후의 남성들이다. 스스로를 제대로 돌볼 준비가 안 된, 경험한 적이 없어서 서툰 그들의 삶에 사회가 먼저 손을 내밀어야 하지 않겠는가. 못난 놈, 비겁한 놈이라 손가락질하기 전에 가까운 곳에 있는 이들을 들여다보고, 다독여주고, 손을 잡아주어 외롭게 떠나가려는 이들을 붙잡아주기를 소망한다. 그러므로 마을에 있는 자유로운 공간으로 이끌어내고 싶다. 그들이 눈치 보지 않고 자유롭게 먹고 나누고 즐길 수 있는 공간, 종국에는 누구라도 함께할 수 있는 공간으로.

그러다 보면 역차별이니 하는 개똥 같은 얘기들이 난무할 것이겠지만, 그냥 떠들라고 놔두고 괘념치 말자. 그냥 우리는 우리가 해야 하는, 할 수 있는 일을 하면 된다. 이 할매들이 룰루랄라 앞장서 깃발을 날려줄 것이니. 우리가 명함이 없지 능력이 없겠나!!

* 헌법 제11조 1항

① 모든 국민은 법 앞에 평등하다. 누구든지 성별 · 종교 또는 사회적 신분에 의하여 정치적 · 경제적 · 사회적 · 문화적 생활의 모든 영역에 있어서 차별을 받지 아니한다.

☞ **수정**　모든 노인 국민은 법 앞에 평등하다. 따라서 나이, 성별, 종교, 혹은 은퇴자라는 사회적 신분에 의하여 사회 · 문화적 차별을 받아서는 아니 된다. 이에 대한 구체적인 수정 조항은 다음과 같다.

①-1 여성 노인과 남성 노인이 마음 편히 모여 밥을 해 먹고 수다 떨 수 있는 공간을 마련한다. 식당 현판에는 영국의 진보적인 남성 노인 켄 로치 감독이 말한 "우리는 함께 먹을 때 더 단단해진다"라는 캐치프레이즈를 새긴다.

①-2 할매 할배들에게 정기적으로 '책읽사'(책 읽어주는 사람)를 파견한다. 베스트셀러, 고전, 소설, 동화 등 흥미롭고 유익한 읽을거리를 요청 받아 읽어드린다. 특히 〈책 읽는 사람 만드는 사람 파는 사람〉〈아내를 위한 레시피〉〈세상에 단 하나뿐인 빨강머리 앤 인문학〉과 같은 책을 추천도서에 수록한다(사서 선생님들, 베셀만 권하지 마시오!).

이상하고 아름다운 할매의 나라

나는 지금 13년째 병상에 누워 있는 엄마를 바라보고 있다. 이동용 탁자 위에 당근에서 10만 원 주고 구입한 엄청 무거운 X노트(그램이 웬 말이냐)를 펴고 독수리 타법으로 자판을 두드리는 중이다. 엄마가 기침하면 물을 먹여 드리고, 부스럭 소리가 들리면 기저귀를 살피고, 이따금, 60대 할매의 비엔나소시지 같은 손가락으로 80대 할매의 애잔한 은발을 쓰다듬는다.

우리 집엔 80대 엄마, 60대 나, 70대 반려견 공실이까지 세 할매가 있다. 엄마는 자신의 욕망보다 사랑을 선택하여 우여곡절 겪은 뒤 할매가 되었고, 나는 결혼 초반 아침 드라마에 나올 법한 모진 경험을 한 뒤 비교적 평온한

노년을 맞았고, 공실이는 남양주 펜션에서 태어나 우리 집에 입양된 뒤 친구 하나 먼저 보내는 아픔을 겪으며 할매가 되었다. 그렇다. 우리 모두 "소설 책 몇 권"짜리 인생을 살다가 이제 할매가 된 터다. 코 고는 소리도 제각각이고, 침을 흘리고(공실이가 일어난 자리에는 늘 물이 흥건하게 고여있다), 잠꼬대도 심하게 해서 "어익후" 비명이 절로 나오지만, 아침이면 세 할매 모두 감사하며 눈을 뜬다. 오늘의 태양이 떴다!

처음 이 책을 기획할 때는 사뭇 전투적이었다. (남성 중심으로 만들어진) 세상 돌아가는 모습이 너무나 마뜩잖아서, (기성세대에 치어) 포기하는 가치가 점점 늘어나는 아들딸이 안쓰러워서, (자본 공해와 기후 위기로) 삭막해진 지구에서 살아갈 손주들이 너무 가여워서 화가 났다. 분기탱천하여 "다시 한번 아마조네스를, (그러나) 지성과 감성과 인성으로 업그레이드된 아마조네스"를 이 땅에 세워 모두가 행복하고 안전하게 살아가면 얼마나 좋을까, 너무나 신나겠지 싶었다. (부끄러운 이야기지만) 그때까지만 해도 내 머릿속엔(나이를 헛먹었다) 남성과 여성, 아저씨와 아주머니, 할배와 할매의 역할과 자리를 전도해버리면 많은 문제가 해결될 거라는 생각으로 꽉 차 있었다. 편 가르기와 혐오를 그토록 미워하면서 나 역시 어느새 편 가르기를 하고 있었던 거다. 지독한 일이다.

그런데 한 분 두 분…… 우리 할매당 창당 취지에 공감하시고 흔쾌히 필진으로 참여해주신 선생님들의 인생을, 빼곡하게 담아주신 그 마음을, 세상 다시 없을 귀한 삶의 흔적을 읽고 있자니 "화"가 풀어졌다. 석기시대 이후 잃어버린 줄 알았던 여자사람의 힘이 뭉근뭉근 올라왔다. 이웃에 변화를 주고, 다른 세상을 꿈꾸게 하는 원동력은, 어쩌면, "화(분노)에서 출발하여 잘 다듬어진 연민"이 아닐까. (유효 기간 짧은) 불타는 사랑이나 (회식용) 우리가 남이가 식의 의리를 넘어서는 그 "연민" 말이다. 연민이 있는 사람은 단단하다. 언제 어디서든 연대할 수 있다.

'유태인 영감'이라는 별명을 가진 남편과 한평생 희로애락(이라고 쓰고 생고생이라 읽자)을 함께한 권오자 선생님, 텃밭 농사를 짓고 닭을 키우며 쌀 빼놓고 모든 걸 자급자족하는 서현숙 선생님, 촌철살인 유쾌함을 무기로 손주 다섯을 키워낸 후 화가로서 멋진 인생을 시작하신 할매당

대표 손지영 선생님, 노마드 인생 끝에 지리산 자락에 착지하여 지킴이 활동을 이어가는 홍마리 선생님, 사람의 손이 필요한 구석구석에 온기를 나눠주느라 오늘도 바쁜 걸음을 재촉하시는 홍영미 선생님. 이분들의 인생을 나의 세 치 혀로 정리하고 싶지는 않다. 불경이다. 그러나, 다섯 분의 인생 중 몇 장면을 가장 먼저 나누어 읽어본 시간은 나에게 더할 나위 없는 영광이자 기쁨의 순간이었다.

단언하건대 "할매의 날들"이 시작되었다. 베이비부머 시대의 엄마였고 딸이었고 이모나 고모였던 이들이 할매 다수가 된 세상. 적어도 중등교육 이상을 받고 자라는 동안 할매들은 학교 행사 시 똑같은 운동복을 입은 채 매스게임을 했고, 누구는 입시에 시달리고, 누군가는 동생 공부 뒷바라지에 고단했으며, 또 어린 누구는 반공 포스터를 줄기차게 그려대며 웅변대회에 나갔고, 누군가는 자라서 보도블럭을 깨어 동무들에게 날라주었다. 멀게는 일제 강점기와 6·25전쟁을, 가깝게는 6·29민주화선언과 IMF를 경험했다. 그래서일까, 함께 모인 할매들은 참 용감하고 씩씩하고, 다정하고 따뜻하다. 판단이 정확하고, 자연스레 뭉친다. 그리고 무엇보다 유쾌하다(블랙 유머의 대가들이다).

이런 할매들이 모인 세상은 분명 이상하고(여태까지 못 보던 모습이니까) 아름다운(감히 아름다움의 이데아라고 말할 수 있다) 나라일 거다. 틀니를 부끄러워하지 않고(그래도 임플란트를 무료로 해주면 좋겠지), 듬성듬성한 머리 보기 싫다며 가발을 쓰지도 않고(머리카락 적은 세상에선 숱 많은 사람이 이상하다), 늘어진 가슴과 불거진 배를 쓰담쓰담 해주고(미용과 성형도 적극 수용한다), 언제나 "욕봤데이" "사랑한다" "너도 할 수 있어"라고 응답하며 서로를 격려하고 젊은이들을 챙기는 할매들. 그러나 불의와 차별과 혐오 앞에서는 "뭔 소리? 따끔하게 한번 혼나볼텨?" "워떻게 아무도 안 한다고? 내비둬, 우리가 할 테니까" 하면서 사발통문을 돌려 마을마다 할매결사단을 조직하여 문제를 해결하는 할매들. 이런 멋진 할매 중 다섯 분이 선보이는 진짜배기 글을 읽게 된 독자 여러분은 복되고 복되도다.

할매당을 응원한다.

"Long live HALMAEDANG!"

이제 막 할매가 된
틈새의시간 편집자

할매당 선언
전국의 할매여 단결하여 일내자
© 권오자, 서현숙, 손지영, 홍마리, 홍영미

초판 1쇄 2024년 6월 25일

지은이 권오자, 서현숙, 손지영, 홍마리, 홍영미
그림 손지영
캐리커처 하소희
디자인 유랙어

펴낸이 이채진
펴낸곳 틈새의시간
출판등록 2020년 4월 9일 제406-2020-000037호
주소 경기도 파주시 하늘소로16, 105-204
전화 031-939-8552
이메일 gaptimebooks@gmail.com
페이스북 @gaptimebooks
인스타그램 @time_of_gap

ISBN 979-11-93933-01-5 (03330)